TONGHUA YUYIN YU
YIN FASHENG XUNLIAN

普通话语音与
播音发声训练

主 编 李观慧

重庆大学出版社

图书在版编目（CIP）数据

普通话语音与播音发声训练 / 李观慧主编. -- 重庆：
重庆大学出版社，2020.7（2023.2重印）

影视传媒专业系列教材

ISBN 978-7-5689-1942-5

Ⅰ．①普… Ⅱ．①李… Ⅲ．①普通话—语音—高等学
校—教材②普通话—发声法—高等学校—教材 Ⅳ.
①H116

中国版本图书馆CIP数据核字（2019）第278960号

普通话语音与播音发声训练

PUTONGHUA YUYIN YU BOYIN FASHENG XUNLIAN

主编 李观慧

策划编辑：唐笑水

责任编辑：李桂英　　版式设计：原豆文化

责任校对：万清菊　　责任印制：张　策

*

重庆大学出版社出版发行

出版人：饶帮华

社址：重庆市沙坪坝区大学城西路21号

邮编：401331

电话：（023）88617190　88617185（中小学）

传真：（023）88617186　88617166

网址：http://www.cqup.com.cn

邮箱：fxk@cqup.com.cn（营销中心）

全国新华书店经销

POD：重庆俊蒲印务有限公司

*

开本：787mm×1092mm　1/16　印张：13.75　字数：263 千

2020年7月第1版　　2023年2月第3次印刷

ISBN 978-7-5689-1942-5　　定价：38.00元

序 言
PREFACE

　　普通话语音与发声是口耳之学，规范的普通话语音与科学的发声方式能有效地改善音色，提高用声能力，使语音呈现出清晰流畅、圆润集中的效果。同时，富有感染力的声音在不同环境下呈现出各具魅力的艺术效果，使受众产生共鸣、触动心灵，给人以美的享受。

　　语音发声是播音与主持专业的特色课程。目前，全国有超过600所高校设置了播音与主持专业，无论是专业艺术院校还是综合类大学，班级中的学生都来自五湖四海。各方言区的学生一起学习语音与发声课程，为实现规范的语音、科学的发声而努力。然而，在教学中，一部分学生听了老师的讲解仍然把握不住有效的训练方法，究其原因是多方面的。

　　有的学生晨练时跟着大队伍练，却不结合自身问题，把晨练当作完全的体能式训练，训练的内容与自身问题脱节；有的学生为练而练，不知训练内容与新闻播报、稿件播读有何关系，训练的内容与最终适应多变的表达环境的需要脱节；有的学生埋头苦练却少与老师或同学沟通，将各部分理论知识割裂开来，不系统地看待问题，解决方法单一，苦练之后的效果仍不理想；有的学生在训练时不擅思考，将训练材料要表达的情感抛诸脑后，训练出的是毫无生命力的声音外壳。千变万化的有声语言表达需要语音发声的有效训练，脱离了这一需要，语言就失去了生命力。无论语音还是发声都应将情感调动起来，每发出一个字音都应符合情感表达的要求。情感越是真挚，音色越是饱满，吐字就会更清晰、集中，语言就更流畅自然。所谓声情并茂，情与声的和谐才能打动人心，使听者产生共鸣。

　　本书旨在为播音与主持专业在校学生、有声语言艺术爱好者、教师、培训人员等正在或即将以嗓音为职业的人员，有纯正普通话语音、美化声音的愿望，对语音或发声有着浓厚兴趣的各行业人士，系统地讲解语音发声相关知识，使听者根据训练方法提示有效地掌握声、韵、调的发音要领，纯正字音，扫除语音障碍；帮助读者纠正不良发音习惯，掌握科学的用声要领，改善音色，提高用声能力；使听者最终熟练地运用并达到准确规范、清晰流畅、圆润集中的效果。

本书汲取了中国传媒大学播音主持艺术学院播音与主持艺术专业前辈们丰富的理论和实践经验，以及编者长期以来在教学与实践工作中的有益经验，同时也总结了工作中的不足。本书主要针对地方高校播音主持专业语音发声训练中容易出现的实际问题，有针对性地进行训练。

本书在系统、简洁地阐述语音发声知识的同时强调实践训练，将语音发声的训练内容与练字、练气、练声的方法有机地结合起来。如声母、韵母的训练与练字的方法相结合，注重唇舌和口腔的训练与具体的字音问题相结合。本书注意字音训练由准到美的训练层次，训练材料循序渐进，由少到多，从易到难。

本书的编写强调语音发声训练与暖声的训练方式相结合，以情带声，使情声和谐。书中的大部分训练材料都加上了训练提示，以辅助大家进行训练。

本书训练材料的选择有一定特色。附录的训练材料按练气、练字、练声三大类进行编排。在坚持选用经典的古诗、散文、诗歌及小说片段、重大新闻事件报道之外，本书兼顾地方高校学生就业去向，选取来自省级、市级、县级电台、电视台的优秀稿件，便于学生训练，同时，让学生有更清晰的目标，做到有的放矢。

本书由成都理工大学传播科学与艺术学院表播系播音专业教研室编撰完成。各章编著者如下：第一章，李观慧；第二章，黄澎；第三章，李观慧；第四章，黄澎；第五章，冯慧珠；第六章，李观慧；第七章，李观慧；第八章，冯慧珠；第九章，冯慧珠；附录，李观慧、冯慧珠、秦佩璐、黄澎；图片，聂莉。

李观慧

2020年5月

目 录
CONTENTS

第三篇　练声

| 第七章　喉部控制 |

参考文献

DAOLUN

导　论

第一节 普通话语音概说

一、汉语普通话的概念及其地位

汉语是世界上使用人数最多的语言，目前全球有六分之一的人口把汉语作为母语。汉语普通话是以北京语音为标准音，以北方话为基础方言，以典范的现代白化文著作为语法规范的现代汉民族共同语。

汉语普通话是中国各民族通用的语言，也是联合国六种官方工作语言之一。《中华人民共和国宪法》第十九条规定：国家推广全国通用的普通话。自此，普通话的推广成为国家一项重要的语言政策。自2001年1月1日国家实施《中华人民共和国国家通用语言文字法》起，普通话又被确立了"国家通用语言"的法定地位。

二、汉语普通话语音的特点

和其他地方方言音系相比，汉语普通话音系较简单，声母、韵母、声调比其他方言要少，相对较容易掌握。

1. 音节结构简单，声音响亮

普通话中，一个音节最多有4个音素，其中发音响亮的元音占优势，是一般音节中不可或缺的成分。一个音节内可以连续出现几个元音，最多可有三个（如乖guāi）。且普通话的音系中没有其他语言音系中常见的复辅音，如英语中的fighting，是多个辅音连在一起。

2. 普通话的音节界限分明，节奏感强

汉语的音节一般都由声母、韵母、声调三部分组成。声母在前，韵母在后。声调贯穿整个音节，每个字音有较鲜明的音节界限。

3. 普通话声调抑扬顿挫，富有音乐性

普通话声调系统简单，但四声变化高低分明，高、扬、转、降区分明显，听起来像音乐一样动听。

4. 普通话中双音节词占优势

有约定俗成的轻重格式，听起来节奏分明，具有美感。同时，儿化、轻声、变调等语流音变现象大大丰富了普通话的语言表现力。

三、普通话语音训练的目标

1997年9月1日，国家颁布实施了《广播电视管理条例》，其中规定广播电台、

电视台应当使用规范的语言文字，广播电台、电视台应当推广全国通用的普通话。播音员主持人以普通话为职业语言，是广大受众的普通话示范者。因此，对于播音主持专业的学生或是已走上播音主持岗位的人员，标准的普通话是应具备的基本专业素质。国家广播电影电视总局要求国家级和省级电台、电视台播音员、主持人应达到普通话水平测试的一级甲等水平，实行持证上岗制度。

而对于普通话语音学习者来说，训练一般分为对、准、美三个不同层次。

首先，初学普通话语音能简单分辨每个字音是什么，如龙读long，而不是nong，即为对。不少初学者受方言语音系统的影响，前后鼻音、边音鼻音、平舌翘舌不分，都属于"对"这一层次的问题。

其次，经过慢慢熟悉和运用，在能熟练地运用普通话语音进行表达的基础上，可开始关注如何使每一个字音发得准确。如受方言语音的影响，一部分人将舌面音j、q、x发得偏前，尽管并未把j发成zh，但发音位置不够准确，属于"准"这一层次的问题。这需要通过学习声母、韵母、声调的具体发音方法等语音系统相关知识并反复训练才能逐渐解决。

最后，在发音准确的基础上，人们对有声语言审美的要求在一步步提高。尤其是艺术语言传播领域，应达到声音悦耳动听、语言表达情感丰富、表情达意鲜明而准确的效果。例如，双音节词"妈妈"的发音，音准把握到位后，还应注意发音不僵不挤，声音通畅，吐字集中、圆润而响亮。同时，这两个字并不是机械、生硬地被训练者从口中送出，而是内心有强烈的心理驱动力，用一种恰当的情感表达出来。

四、普通话语音训练的方法

1. 熟练掌握语音知识

语音的学习不同于词汇、语法，必须在理论学习之外加强口耳的实践训练才能真正掌握。但训练应有系统的理论和方法作为指导，如普通话语音的相关概念、声母的发音部位与发音方法、元音舌位图与韵母发音之间的关系等。理论知识的学习是训练语音的基础。若相关概念模糊，训练中也难以找到有效的方法。

2. 先听辨再训练

语音的学习不能只掌握理论知识，若听辨力不强或只听不练都不能获得真正的提高。艺术语言表达音准是前提，听觉应反应敏锐，能听出语音各要素细微的差别才能在训练中发现自己的问题。很多语音问题矫正的关键就在于训练者听不出自己的发音与正确发音有何差异。因此，可先听老师的示范或录音，而不是盲目地开口训练，等到能听出自己发音与老师发音的细微差异后再开始训练会事半功倍。

3. 模仿与对比训练相结合

除在普通话语音课上可以听到老师的示范外，平时我们可以多听广播、电视、优秀的名家朗诵作品等，听到一定程度还可跟随播音员或朗诵者进行语音模仿。训练之初尽量放慢速度，体会发音部位、发音方法、口腔状态的不同，在模仿中不断提高口和耳的能力。训练初期听觉能力还不够敏锐时，可在模仿训练之后自己尝试录音，并将自己的录音与原声进行对比，发现两者间音准上的差别。

4. 大环境与小环境相结合

各方言区学习普通话语音都会有不同程度的语言环境问题影响着语音训练的效果。学生们除了多参加大型的比赛或各类活动之外，可以为自己创造一些学习普通话语音的小环境。例如，每天通过手机关注普通话语音学习的微信公众号、微博等；还可以将中央电视台、中央人民广播电台中自己喜欢的主播的每一期节目存入手机边听边比较自己的发音。这样慢慢积累，总有一天会达到量变到质变的飞跃。

五、普通话语音相关概念

汉语的音节是句子的最小单位。一般情况下，一个汉字就是一个音节，其中儿化词是两个字合成一个音节。音节是指听觉上可以区分的语音结构的基本单位。汉语中大部分的音节是有调音节，有1300多个，还有一部分是无调音节，有400多个。

从音节出发把一个音节进行拆分，从音色角度划分出来的最小的语音单位是音素。音素是语音的最小单位，可分为元音和辅音两大类。普通话中有元音10个，辅音22个。普通话的音节可由一个至四个音素充当。例如，阿（ā）为一个音素，爱（ài）为两个音素，弹（tán）为三个音素，窗（chuāng）为四个音素，其中ng为一个音素。

元音：音素的一种类型。发音时，气流在口腔不受明显阻碍，呼出气流较弱，发音器官肌肉均衡紧张，声带颤动，声音响亮而清晰，都是乐音。主要靠控制口形和舌位变化发出不同的元音。

辅音：音素的一种类型。发音时，气流在口腔中明显受阻碍，呼出气流较强，发音器官对气流构成阻碍的部位肌肉紧张，大部分辅音发音时声带不颤动，主要靠口腔中形成阻碍部位和解除阻碍方式的不同形成不同辅音。

舌位：发元音时舌面隆起最高点，最接近上腭的一点，即近腭点。

声母：按汉语语音学的传统分析方法，把一个汉语音节起头的辅音叫作声母。普通话中共有21个声母。

韵母：按汉语语音学的传统分析方法，把汉语音节中声母以后的部分叫作韵母。韵母由单元音或复合音充当。普通话中共有39个韵母。

|第二节　播音发声概说|

一、播音发声训练的目的

播音主持用声与生活中自然的用声状态并不完全相同。日常生活的用声只需达到沟通、交流的目的。有的人声音沙哑，有的人嗓音干瘪，有的人说话有气无力，有的人声音比一般人高八度……但一般来说，这都不影响生活中的交流。即使距离稍远或打电话时受信号干扰听不清楚，交流双方还可以将声音放大一些或把话重复一遍，最终让对方听清楚。相比播音主持用声来说，生活中用声的要求并不高。

播音主持用声与生活中用声相比，要求具有科学性和艺术性。播音主持人用声音来树立自身形象，尤其是广播节目的播音员主持人。为适应不同体裁、不同广播电视节目类型及不同用声环境的播音主持工作的需要，播音主持人应努力提高用自己的声音进行表达的能力，逐步达到气息运用自如，声音清晰圆润、集中明朗、朴实大方、富于变化，个性特征鲜明、情声气高度结合的用声境界。

总体来说，播音发声的训练应达到以下几个目的：

1. 改善音色，解决用声问题

训练者应该清楚地认识到，人人都希望自己的声音悦耳动听。但受先天条件的影响，如声带长短、共鸣腔体的大小等生理上的差异，我们不可能通过播音发声的训练使自己的声音变得跟某个心目中的声音偶像一样。在可控和调节的范围内，通过对呼吸、口腔、共鸣、喉部等进行科学的调节和训练，我们可以最大限度地改善和美化声音。

播音发声对于各种不良用声习惯的矫正也有十分积极的作用。例如，有的声音喉音偏重，有的鼻音过浓，有的声音发闷，有的用声偏虚，有的用声偏高，通过系统科学的训练，这些情况会得到较大的改善。

2. 锻炼口齿，获得清晰、圆润、集中的吐字效果

口腔控制训练是播音发声训练的重要环节。播音主持专业用声是在特定环境之

中的，有时在演播室，有时在嘈杂的事发现场。不同的环境运用不同的电声系统，如模拟信号、数字信号等。各环节受现场和传输系统的影响都有可能使声音受损。若是声音本身发闷，再经过一系列的干扰或衰减，信息无法顺利地传达给受众。若想信息清晰地传达出去，播音员、主持人必须提高自己的用声能力，使声音具有较强的穿透力。同时，还应通过口腔控制的训练努力提高吐字清晰度和集中度，最大限度地弥补传输过程中的损耗。

口腔控制训练还能有效地扫除吐字障碍。有的人唇舌较懒，影响字音清晰度；有的人口腔不够开，声音不响亮，状态不积极；有的人吐字下巴过紧，字音不圆润、不饱满；有的人说话唇形变化不明显，字音发闷。这些问题都可通过口腔各部位协调配合的训练得到有效解决。

3. 提高用声能力，获得声音弹性

播音发声练习用声、吐字技巧，最终目的不仅仅是声音悦耳动听、吐字清晰、圆润，还包括提高用声能力，获得声音弹性，使我们的声音具有较高的塑形能力，在有声语言表达中能适应不断变化的体裁风格、语言环境，以及不同的节目类型。

4. 保证嗓音健康，延长嗓音寿命

播音发声有一套科学、系统的训练方法，涉及呼吸的方法、吐字的技巧、喉部的控制、共鸣的把握等。这些训练方法既可美化声音，还能避免因用声不当造成喉部病变。

不少嗓音工作者用声方式不对，习惯捏挤嗓音说话，舌根紧，喉部压力较大，容易造成嗓子干疼、声音嘶哑，严重的甚至声带充血。久而久之，可能造成声带小结或长出声带息肉。解决这一问题的关键在于发音时喉部的相对稳定和相对放松。通过喉部控制训练重新建立并长期巩固，形成一套新的用声习惯。

二、播音发声的特点

1. 以实声为主的虚实结合，声音清晰圆润

凡事过犹不及，声音过虚给人感觉不真实，过实又缺乏亲切感。播音员、主持人的声音应符合受众对正面公众人物形象的想象，尤其是新闻播音这一活动。新闻的真实性、准确性要求播音员在自然音域以内，中声区偏低的部分运用较多，所传达的内容才更具可信度。

2. 声音变化幅度不大，但层次丰富，表情达意准确

声音的变化幅度大小是一个相对的概念，与歌唱用声相比，播音发声的声音的变化幅度要小很多。变化的层次表现为明暗、虚实、强弱、快慢等方面，丰富就在

于这其中的明与暗，并不是非此即彼，也可偏明、偏暗，稍明、稍暗。而声音的丰富变化应靠真切而丰富的情感作为推动力，否则难有感染力。

3. 接近口语用声，状态自如，声音流畅

播音发声的用声状态并非完全异于口语用声，播音发声艺术来源于生活。口语用声自然、松弛，状态自如，表述流畅，而播音发声艺术继承了口语用声的优点，兼具用声的科学性、艺术性，使声音悦耳动听、层次丰富、变化自如。

三、播音发声训练方法

总体来说，播音发声的训练应该循序渐进：由弱到强，由慢到快，由浅入深，从易到难。发声的训练不可一蹴而就，每一次练习都不要急躁，更不要盲目地追求某一种声音效果而忽略了用声的科学。

1. 初期训练以扫除用声、吐字障碍为主

（1）先调整呼吸，解决气浅、气紧、气息不稳定等问题。

（2）再练声音，解决压喉、声偏虚、声发闷、声偏高等问题。训练应从发音时舒服、自然的中声区开始，以此为基本训练阶段，逐渐向高音、低音扩展。声音从中等强度开始，逐渐向强、弱扩展，速度适中不宜过快，力度也不宜过强。

（3）最后练吐字，解决口腔开度、吐字含混、唇舌无力等问题。

2. 扫除障碍后，训练要以拓展发声能力、获得声音弹性为主

这一阶段的训练是在掌握正确、科学的用声方法的前提下进行的。方法得当地练气、练声、练字时可追求气息由弱到强，越来越灵活自如；声音的变化丰富多样，有高低、强弱、快慢、虚实等，可根据不同稿件训练出丰富多变的声音形式。

3. 最后进行综合训练

播音主持艺术专业的发声训练不应只是简单的生理器官机能运动训练，而应是生理与心理紧密结合的一种高级活动。因此，不要一味追求拓展发声能力，获得声音弹性，而忽略了播音发声训练的最终目的——在播音活动中声音形式能不断适应人们思想感情的运动变化，从而达到情、声、气三者的有机结合。

第一篇 练 气

第一章　呼吸控制

　　无论是日常说话还是艺术语言表达，气息都是我们发声的动力之源，所谓"气动则声发"。在日常有声语言的交流中，我们并不需要刻意调动气息，因为日常对话语句短小，对话双方相对距离较近，即使距离稍远偶尔加大气息量、放大音量也是一种下意识的运用，不需要刻意对气息进行调控。

　　艺术语言发声则需要对气息进行有意识的调控。当面对不同的稿件内容，需要气息为声音提供动力，更要通过气息形成不同的音色来表达丰富多变的情感，最终实现"气托声，声传情"的目的。也就是说，只有在呼吸得到控制的基础上才能谈到声音的控制，也才能使我们的艺术语言表现力更加生动、鲜活。同时，正确的呼吸控制方式能帮助我们纠正错误的用声习惯，缓解喉部压力，更好地保护嗓子。因此，对初学者来说，播音发声的训练应从掌握正确的呼吸方式开始。

| 第一节　呼吸控制概述 |

一、呼吸器官与呼吸方法

（一）呼吸器官及相关概念

　　人的呼吸器官是由呼吸道、肺、胸廓和有关肌肉、横膈膜和腹部肌肉组成的。吸气和呼气时，呼吸器官的不同部位相互配合以调节气息。

　　膈肌是胸腔下部一层富有弹性的肌肉，又称作横膈膜。它与胸腔壁相连，把胸腔和腹腔上下隔开。吸气时，膈肌收缩下降，使胸腔容积向下扩展；气流呼出后，膈肌放松恢复常态，胸腔容积随之缩小。

　　腹肌是腹内斜肌、腹外斜肌、腹直肌等腹部肌肉的统称。腹肌属于呼气肌。在播音发声的呼吸控制中，腹肌的作用相当重要，通过腹肌可调节气息压力产生声音高低变化；还可通过腹肌的收缩力度间接控制膈肌，使呼气的力量与下降的横膈所形成的吸气的力量之间产生拮抗力。

（二）呼吸方法

呼吸方法一般可分为胸式呼吸、腹式呼吸和胸腹式联合呼吸。

胸式呼吸，是一种以扩大胸廓为主的呼吸方式，吸气时上胸部胸围有明显增加，但膈肌基本不参加运动。因此，胸式呼吸吸入的气息较浅且少，容易导致发出的声音较尖细，强度变化不大，换气频繁，语句短，声音的位置也较高，日常生活中我们不难发现身边有身体瘦弱的女同学，用气用声就有此类问题。人在紧张或吃得过饱或是跑完长跑后，腹式呼吸受阻时也会出现胸式呼吸。

腹式呼吸，是一种以横膈膜活动为主的呼吸方式。在吸气时腹部明显隆起，胸廓周围径基本无变化。这种呼吸方式，气虽然能吸得较深，进气量也较大，但是声音的表现方面却比较低沉暗淡，不符合播音发声对声音清晰的要求。

胸腹式联合呼吸，是膈肌升降与胸廓扩张、收缩相结合的呼吸方式，它的吸气量大。这种呼吸方法容易控制呼吸，而且具有容易操控和支持声音的能力。播音发声对呼吸控制的要求决定其采用胸腹式联合呼吸法调节呼吸，使气息顺畅、均匀、深浅适中，运用自如。

二、呼吸控制的要领

（一）吸气的要领

胸腹式联合呼吸的要领的把握应首先从吸气训练开始。吸气时，吸气肌肉群包括胸廓、膈肌和腹肌都应同时积极地扩张。口鼻同时吸气，两肋向两边扩张，感到腰带渐紧，后腰有力撑开，小腹微收。我们将胸腹式联合呼吸时一次吸气动作分解成以下三个步骤，以便体会其中每一个要领。但应注意，这三个步骤应是在吸气过程中同步完成的，不可完全分解开来。

1. 吸到肺底

吸到肺底即是要做到吸气肌肉群明显扩张，增大胸腔内体积，气吸到胸腔底部，整个过程可以想象闻到美味的食物或是花的香味时将气深深吸入肺底的感觉。

2. 两肋打开

吸气时两肩放松，两肋舒展地向两侧同时撑开，胸廓随之扩大以便气息下沉。此时，膈肌明显收缩下降，进一步增加进气量。

3. 腹壁"站定"

在两肋撑开后，小腹由松弛到渐渐绷紧，不要迅速收缩，腹肌的力度向"丹田"聚拢。

不正确的方法：

（1）吸气时单纯向前、向上挺胸。

（2）吸气时伴有耸肩的动作，或是刻意让胸部塌下去，这都不利于两肋舒展地撑开。

（二）呼气的要领

人类的大部分语音都是在呼气的过程中形成的，汉语普通话也不例外。因此，呼气训练是胸腹式联合呼吸训练的重点。若是没受过专业发声训练的人遇到长句，一般发声时气息总是前强后弱，表现在一句话的交流中句头强、句尾弱，这都是呼气不受控制的体现。胸腹式联合呼吸呼气的要领被概括为以下三点：

1. 稳劲

呼气要达到稳劲的状态，关键在于呼气肌肉群如何控制吸入体内的气。当气吸入体内，若是两肋、膈肌和小腹立即放松，体内的气将如同打开口的气球迅速被呼出，所剩无几，更不能用于发声了。因此，呼气时口腔随字音打开（如发 ɑ、i、u、ü等）匀速放气，而小腹应保持收缩的力度，保证膈肌和两肋不会立即回弹，做到"两肋有控制地回缩，膈肌有控制地上升"，形成一对"拮抗"的力，才能达到稳劲的效果。

2. 持久

呼气时达到气息持久的效果是播音发声所追求的。生活中有人说话尽管吸得多，但仍然觉得一口气持续不了太长时间，这与省气的方法是否得当有直接的关系。尽管个人的肺活量有大有小，但一次吸入体内的气总是有限的。因此，想要持久，既要训练多吸气，也要知道如何节省气，正所谓"开源节流"。就省气来说，有以下两种方法：

（1）增强唇舌力度。在吐字的过程中，呼出的气流会受到嘴唇和口腔的开闭、吐字唇舌力度大小的影响。唇舌力度太弱，字音不够清晰响亮，且送出的无效气流也越多；反之，唇舌力度加强则可节省气流。

（2）选择适度的音色。有的人习惯说话声音偏虚，气流浪费也较多；若用相对偏实的声音则可有效节省气流。同时，有的人习惯说话声音偏低，低音状态声带较为松弛，耗气量也相对较大；但若是声音过高又容易导致嗓音疲惫。因此，选用中音偏实的用声状态，相对更节省气流。

3. 变化

胸腹式联合呼吸的运用，并非一成不变。当运用于实际的稿件时，随着情感的变化，声音形式也在不停地变换。而气息也应随时做好应对变化的准备。因此，呼气时，小腹肌肉不应收缩得过紧，大部分时候是处于微收的状态，当遇到长句子或是情感情绪较为强烈时，小腹的控制力应随之加强。应当明白的是，强与弱之间的变化并不是为变而变，其最终目的是为表情达意服务，赋予有声语言丰富的表现力。

（三）换气的要领

在气息的使用过程中，随稿件和情感的变化，要及时、不断地补气换气。播读稿件过程中在何处换气，应因人而异，因句子和感情的需要而定，一般称为气口。播出的内容千变万化，就要采用不同的用气方法，依情取气。

换气的方式主要有偷气、抢气、就气。

1. 偷气

偷气是短时无声补充气息的方式。偷气一般在气息将要用尽、后面话语不多的情况下使用。偷气的气口通常是在连贯性不太强可以稍停顿的句子之间，这样不会影响语句的连贯，听者也不易察觉。偷气时，要在准备换气的词之后以较快速度从口鼻同时吸入少量气息。偷气一般是为补充气息，供短时发音用，吸入的气息有限。

2. 抢气

抢气是带有吸气声的换气方式。当话语的节奏急促或感情色彩强烈时，气息消耗很快，往往需要在句与句之间或句子之中急速补充气息。急速吸气会使气流在通过声道时产生较强的气息摩擦声。这种气流声能够显露出说话人着急、紧张、感慨等不同的感情色彩，使朗诵更富于表现力。抢气不仅是一种换气或补气方式，而且是一种感情表达手段。它常用于感情色彩丰富、描写生动的语言中。抢气时吸气要快。

3. 就气

就气是指听觉上有停顿而实际不进气，运用体内的余气把话说完，以达到语意连贯的效果。

总的来说，换气的基本原则是"句首无声换气，句中要小量补充，句子间从容换气，句尾余气托送"。在实际的运用中，应注意以下两个问题：

（1）换气时不要改变呼吸方式。胸腹式联合呼吸在换气时仍要保持住小腹力度向"丹田"处聚集的感觉。当然，这感觉可随情感发生变化。

（2）换气过程中吸气运用的误区。吸气时我们所说的"吸到肺底"并不是要吸到不能再吸的过满程度，这会导致状态僵硬，不利于灵活地控制气息。表达中若是感觉气息不够用，千万不要等气息用得一干二净时再重新补足气息，这会给人声断气竭、表达不流畅之感，应在体内还留有余气、不影响句子意思的位置找到合适的气口从容换气。

第二节　呼吸控制训练

一、播音主持对呼吸的要求

找准训练的目标才能做到有的放矢。在播读稿件的过程中，稿件内容和思想感情的变化决定了气息的变化。如果情感情绪始终不变，会导致气息僵持，音色一成不变；反之，若是情感真挚、富有变化，却没有娴熟的呼吸控制技巧，不能将深刻的感受表现出来是非常令人遗憾的。播音主持对呼吸总的要求即是配合情感达到"深、匀、通、活"的境界，达到"气托声，声传情"的最终效果。

（一）深

播音发声要求做到气息下沉，不浅不浮。吸得过少或过浅会导致身体重心上移，气息压力容易集中在喉部。要解决这一问题，首先应体会到气息下沉的感觉。此时，可尝试深深地吸一口气再叹气，发出拖长的"唉——"的声音，当叹到不能再叹的时候体会气息沉到"丹田"的感觉。之后，再配合呼吸肌肉训练，使小腹和两肋之间形成拮抗的力，声音的变化始终得以控制。

（二）匀

如前文所说，若是没经过科学用声训练，在日常的交流中人们说话习惯前强后弱，气息不受控制。"匀"是播音发声针对呼气时气息的均匀和稳定而言的。

（三）通

播音发声要求气息与声音较好地配合，做到"不僵不挤，声音贯通"，声音的贯通首先应做到气息通畅。无论是吸还是呼，都需要气息在运行过程中没有任何障碍，尤其是喉部和胸部。喉部不挤，应是相对放松的状态。胸部不憋，两肋应充分打开，同时小腹要有力地支撑住。

（四）活

如前文所说，播音发声的呼吸控制最终应为表情达意服务，随情感变化而变化。气息的把控关键在思想感情的运动，因此，灵活的气息首先来自丰富的内心情感的调动。再者，无论是呼气和吸气都应该适度，"吸到肺底"并不代表每次实际运用都要吸到不能再吸，气吸得过满会增加喉部的负担，呼得过多会导致憋气，把握分寸才能做到游刃有余。

二、呼吸控制训练

（一）呼吸肌肉锻炼

1.腹肌锻炼

（1）仰卧起坐。将双手放在头下，仰卧，抬起上半身，或者仰卧举双腿至胸前。根据自身情况，一般连续做30～50次才可达到腹肌训练的基本要求。

（2）抬腿、踢腿运动。坐姿或仰卧时，将两腿向上举起，或是站姿时踢腿，这些简单易行的方式都可以训练腹肌的力量。

2.膈肌的锻炼

（1）模仿"狗喘气"。可以在模仿"狗喘气"的基础上进行改进后的练习。在模仿时变开口为闭口，这样可以减轻气流对喉部的摩擦，而此时膈肌运动的感觉会更强烈。

（2）膈肌弹发。将模仿"狗喘气"时无声的弹发变为有声，在呼气的同时弹发"hei"音。膈肌弹发具体练法如下：

深吸气后，发出一个扎实的"hei"音。喉部、下巴放松，打开口腔，在开始弹发"hei"时，注意气和声之间不能协调同步，可能先出气后出声，或者先出声再弹发出气，还可能气弹了而声音仍用嗓子喊出来的。这都是膈肌的弹动与发音还未协调同步的问题，不用着急，可以慢慢来。

弹发正确的hei音，应该是音高稍低、圆润集中、松弛宽厚的声音。在开始练膈肌弹发时，不必贪多、贪快、贪连续发音，只有一声、一声练得有力了，才能连续发音。

第二步，在单声弹发状态较稳定后可逐步增加连续弹发hei音的次数，直至一口气可连续弹发出七八个hei音。弹发要注意气的力度应均匀，音量、音高、音色始终一致。还应注意将膈肌的力量控制集中到弹发的瞬间。而在未弹发间隔时，膈肌要迅速放松还原。这有利于气不断地进入、弹出，也有利于膈肌再次积聚力量弹发。

第三步，坚持连续弹发练习数日后会获得"自动"进气的感觉，以无限制地连续发出稳定hei音时，可以由慢到快、稳劲轻巧地连续弹发hei音，达到快慢自如的程度。

第四步，在第三步的基础上，做改变音高、音量、音色、音长的膈肌弹发练习。

同时，还可运用一些小练习体会膈肌灵活的弹动力。

（1）练习类似于京剧老生的大笑状"哈哈哈哈哈哈哈"，弹动的力量大小可随训练程度变化。

（2）膈肌弹发喊操口令：1234 5678 22345678。模仿体育老师喊口令时，可以自己设计膈肌弹发的节奏。例如，一小节弹动一次，**1**234，**2**234（加粗的音为膈肌弹发处），也可每个音都弹动一次12345678，节奏的快慢也可自行调整，根据训练情况难度可不断加大。

（二）呼吸控制训练

在进行呼吸控制训练之前，应将身心调整至最佳状态，体会"兴奋从容两肋开，不觉吸气气自来"的感觉。

首先，找到舒服的身体姿态。练声时可选择站姿或坐姿，两种姿势都应注意下颌微收，胸部微含，肩部放松。坐姿状态下，后腰应挺立，不倚不靠，身体略向前倾，有"含胸拔背"的感觉。身体的重心保持在腰以下，以便呼吸时调整身体的平衡力。若是站姿，两脚可轻松站立，一只脚稍向前方，身体重心偏向前脚，后脚自然站立，呈"丁字步"。同样应有"含胸拔背"之感，且注意提臀收腹。

同时，保持积极放松的用声状态。练声的过程应是积极而快乐的，机械、冷漠的状态不利于有效地调动呼吸肌肉群，使之主动地参与到气息调控中来。因此，练声前应尽量做到心情愉悦、状态积极，从而使呼吸肌肉群处于放松的状态，气息才能通畅自如。

吸气口诀：

> 头如顶碗立如松，
> 直背收臀要展胸，
> 眉宇舒展心畅快，
> 凝目远视神态清。

吸气开肋口诀：

> 兴奋从容两肋开，
> 展胸垂肘肩莫抬。
> 胸围腰背八分满，
> 不觉吸气气自满。

1.吸气训练

训练吸气时，可先为训练设计好一定的情境。全情地投入到情境中有助于更好地体会胸腹式联合呼吸。

（1）慢吸。

①闻花香、菜香。

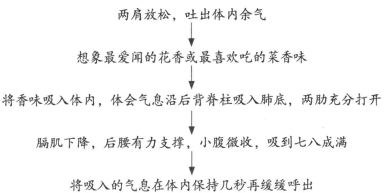

两肩放松，吐出体内余气

↓

想象最爱闻的花香或最喜欢吃的菜香味

↓

将香味吸入体内，体会气息沿后背脊柱吸入肺底，两肋充分打开

↓

膈肌下降，后腰有力支撑，小腹微收，吸到七八成满

↓

将吸入的气息在体内保持几秒再缓缓呼出

闻花香吸气的过程相对较慢，在情境的想象过程中可以更陶醉和享受一些，想象得越具体、真实，越像是慢动作，体会将气吸入肺底的全过程。

②半打哈欠。所谓"半打"就是嘴不急于张大，口鼻同时进气到最后，打出哈欠之前的一瞬间，这与胸腹式联合呼吸时吸气肌肉群配合进气的感觉很相似。

（2）快吸（抬重物、半打哈欠、情景想象）：

①抬重物。想象抬重物进行吸气训练，吸气的过程与闻花香基本一致，其不同在于吸完之后，想象抬起重物前的一瞬间，气息下沉、小腹内收和后腰的支撑力加强，这更利于综合地感受吸气肌肉群共同配合完成吸气的全过程。

②惊讶。训练之前设想一下，一个意想不到的人或事物突然出现在自己面前时惊讶的感觉。此时，仔细体会进气的过程和用气的位置。

2.呼气训练

呼气的训练应该循序渐进，从无声到有声，由弱到强。根据个人能力，以舒适为前提进行训练。

用气收腹口诀：

重吹半口缩小腹，

脐做中心紧收住，

开肋绷胃稳如钟，

力如爆竹声如柱。

（1）吹灰、吹蜡烛。同样需要情境想象来完成训练内容。假想前方的桌子上布满了灰尘，需要我们用气息将它轻轻吹净。先将气吸入体内，口形撮圆、撮小，感觉有一小束气流均匀、缓慢地吹出，想象不要将尘土吹得到处飞扬。吹的时候注意气息不要前强后弱，始终保持均匀、稳定的状态。

训练吹蜡烛时，气不要过猛，否则一口气会将蜡烛吹灭；但气息过弱达不到训练的效果。应将蜡烛放在自己的正前方约一尺远，也可根据自己气息的情况稍作调整。同样将唇撮圆、撮小，吹气时保持气息均匀、稳定，保证蜡烛始终不灭，随着气流闪烁。

（2）发持续的"si"音。按要求吸好气后，蓄气、保持片刻，嘴微开，上下点开一小缝，发出"si ——"音，要细要匀，坚持用一口气。气快完时要沉着镇静，自然放松不要紧张。憋住气，不要失去信心，这样便可使呼吸气的控制力大大增加。

（3）发延长的单元音。同样，按要求吸好气后，发出延长效果的 a、o、e、i、u、ü 几个单元音，发音时气流要均匀、缓慢，声音圆润、响亮、稳定、前后力度一致，音高、音量保持一致。开始训练可从 i 起，更容易把握呼气时均匀和稳定之感。

（4）数数，增强呼气控制力。在保持正确的基本呼吸状态下，慢吸气至八成满，然后，以大约每秒一个数的速度数数：1、2、3、4。要吸一口气数数，中途不换气、不补气，并保证数字之间语音规整、声音圆润集中、音高一致、力度一致；出声则出气，不出声不漏气；开头的数字气不冲、声不紧，近尾的数字气不憋、声不噎，气竭则声停。注意数数时，声带喉头保持正常发声的通畅感，不因吸气较满呼吸肌紧张而扼喉。一般吸一口气数数持续时间达到 30～40 秒即完成训练要求。开始练习时，不要单纯追求所数数字的多少，重点应在锻炼呼吸发声的控制力。经过一段时间的锻炼，呼吸控制力强了，数便会数得多了。

（5）绕口令。

数枣

出东门，过大桥，大桥底下一树枣，青的多红的少，一个枣，两个枣，三个枣，四个枣，五个枣，六个枣，七个枣，八个枣，九个枣，十个枣，九个枣，八个枣，七个枣，六个枣，五个枣，四个枣，三个枣，两个枣，一个枣。这是一个绕口令，一口气说完才算好。

训练提示：

训练时可设计一个场景：走在郊外的路上正当有些口渴时，看到前面桥下的枣树和树上打枣的人，喜出望外，有口福了！

数葫芦

一口气数不了二十个葫芦，一个葫芦，两个葫芦，三个葫芦，四个葫芦，五个葫芦，六个葫芦，七个葫芦，八个葫芦，九个葫芦，十个葫芦……

训练提示：

数葫芦的呼吸控制及用声要求，同上一个数数的练习。一般达到一口气能数15～20个葫芦即可。注意不要为了凑够数量而忽略了声音的质量和吐字的清晰度。数葫芦接近说话状态，难度较大，但是练好了更容易结合话筒前用声用气的实际控制状态。

（三）换气训练

换气，一方面是生理的需要，另一方面是从心理上有表情达意的需要。艺术语言的表达应选择合适的"气口"进行换气。这个"气口"的位置应该是打破文字稿件中标点符号的束缚，按照语言表达的需要重新组织语言才能找到。根据稿件类型的不同，若是情感情绪相对较强烈的语句之间可偶尔使用抢气以补足气息，那么在句子中间应使用"偷气"少量补足气息，才能使表达更加流畅、自然。

1. 古诗

易水歌

风萧萧兮易水寒，壮士一去兮不复还。

探虎穴兮入蛟宫，仰天呼气兮成白虹。

长歌行

青青园中葵，朝露待日晞。

阳春布德泽，万物生光辉。

常恐秋节至，焜黄华叶衰。

百川东到海，何时复西归？

少壮不努力，老大徒伤悲！

从军行

杨炯

烽火照西京，心中自不平。牙璋辞凤阙，铁骑绕龙城。

雪暗凋旗画，风多杂鼓声。宁为百夫长，胜作一书生。

满江红

岳飞

怒发冲冠，凭阑处、潇潇雨歇。抬望眼，仰天长啸，壮怀激烈。三十功名尘与土，八千里路云和月。莫等闲、白了少年头，空悲切。

靖康耻，犹未雪。臣子恨，何时灭。驾长车，踏破贺兰山缺。壮志饥餐胡虏肉，笑谈渴饮匈奴血。待从头、收拾旧山河，朝天阙。

训练提示：

训练时随诗意、情感的变化合理安排气口，注意以气托声，以声传情。

2. 贯口词、绕口令换气训练

报花名

君子兰，广玉兰，米兰，剑兰，凤尾兰，

白兰花，百合花，茶花，桂花，喇叭花，

长寿花，芍药花，芙蓉花，丁香花，

扶郎花，蔷薇花，桃花，樱花，金钟花。

花中之王牡丹花，花中皇后月季花。

凌波仙子水仙花，月下公主是昙花。

清新淡雅吊兰花，烂漫多彩杜鹃花。

芳香四溢茉莉花，金钟倒挂灯笼花。

一花先开金盏花，二度梅，三莲花。

四季海棠，四季花，五色梅，五彩花。

六月雪开的是白花，七星花是个大瓣花。

八宝花是吉祥花，九月菊是仲秋花。

月月红、百兰花，千日红本是变色花。

万年青是看青不看花。

训练提示：

刚开始训练语速不可过快，保证吐字的清晰度和声音的质量。换气的次数也可根据呼吸控制的能力灵活把握。

3. 长句换气训练

（1）中共中央总书记、国家主席习近平15日在北京会见了德国社会民主党主席、副总理加布里尔。（摘自新华网）

（2）会议指出，今年以来，通过加大定向调控等措施，我国经济运行缓中趋稳、稳中向好，结构调整积极推进，活力动力继续增强，在深化各领域改革、促进产业升级、保障和改善民生、保持各类市场稳定等方面都取得积极成效，为完成全年经济社会发展主要目标任务创造了条件。（摘自新华网）

（3）新华网北京7月15日电　中国共产党中央委员会、中华人民共和国全国人民代表大会常务委员会、中华人民共和国国务院、中国人民政治协商会议全国委员会沉痛宣告：中国共产党的优秀党员，久经考验的忠诚的共产主义战士，杰出的无产阶级革命家、政治家，党和国家的卓越领导人，中国共产党第十一届、十二届中央书记处书记，第十二届、十三届中央政治局委员，国务院原副总理，第七届全国人民代表大会常务委员会委员长万里同志，因病医治无效，于2015年7月15日12时55分在北京逝世，享年99岁。（摘自新华网）

（4）7月11日傍晚，在结束出席金砖国家领导人第七次会晤和上海合作组织成员国元首理事会第十五次会议后，国家主席习近平回到北京。

短短3天时间里，习近平主席出席了两大峰会共25场活动，同7位国家元首和政府首脑举行会晤，发表多场重要讲话，同各方签署和发表联合声明、公报、宣言及各领域合作协议23个，向世界发出中国的声音，提出倡议，推动合作。（摘自新华网）

（四）气息状态变化训练

1. 设计不同语境下气息状态变化训练

（1）数树：1，2，3，4，5，6，7，8，9，10…

①想象道路两旁的大树，由近及远，再由远至近，边看边数。

②想象精美图画上的森林，任意挑选其中的树木，边看边数。

（2）"观众朋友们，大家好！"

①早间八点《朝闻天下》节目开场。

②晚间零点《24小时》节目开场。

③娱乐节目《天天向上》节目开场。

④春节联欢晚会节目开场。

（3）在北京，提起"涮羊肉"，几乎人尽皆知。因为这道佳肴吃法简便、味道鲜美，所以深受欢迎。

涮羊肉传说起源于元代。当年元世祖忽必烈统帅大军南下远征。一日，人困马乏饥肠辘辘，他猛想起家乡的菜肴——清炖羊肉，于是吩咐部下杀羊烧火。正当伙夫宰羊割肉时，探马飞奔进帐报告敌军逼近。饥饿难忍的忽必烈一心等着吃羊肉，他一面下令部队开拔一面喊："羊肉！羊肉！"厨师知道他性情暴躁，于是急中生智，飞刀切下十多片薄肉，放在沸水里搅拌几下，待肉色一变，马上捞入碗中，撒下细盐。忽必烈连吃几碗翻身上马率军迎敌，结果旗开得胜。在筹办庆功酒宴时，忽必烈特别点了那道羊肉片。厨师选了绵羊嫩肉，切成薄片，再配上各种佐料，将帅们吃后赞不绝口。厨师忙迎上前说："此菜尚无名称，请帅爷赐名。"忽必烈笑答："我看就叫'涮羊肉'吧！"从此"涮羊肉"就成了宫廷佳肴。

①对小朋友讲涮羊肉的历史传说。

②向外国友人介绍这道中国美食的由来。

③美食文化节目中向老年观众介绍涮羊肉的来历。

2. 设计不同感情色彩、态度气息状态变化训练

（1）"放假了。"

①像小学生一样兴高采烈地说。

②抑制不住内心的喜悦，电话中悄悄告诉远方的恋人。

③若有所失，恋恋不舍地说。

④出门碰到邻居，平淡地向他解释为什么白天在家待着。

（2）"你怎么了？"

①看朋友伤心的模样，关切地问。

②父亲对惹事哭闹的孩子严厉地说。

③身边朋友突然跌倒，惊恐、担心地问。

④无奈地、有气无力地问。

3. 气息变化综合训练

想象"小丹"是自己家中一个不到4岁的孩子，在不同的时空和情绪状态下呼唤她的名字。

①早上，小丹刚醒过来，你端着丰盛的早餐走到她面前亲切地叫道："小丹，（来，吃早饭了）！"

②上午，小丹和你在同一个房间，她坐在一旁看电视，你稍严肃地说："小丹，（过来，电视看久了伤眼睛，咱们出去走走）。"

③你把电视关掉，小丹不高兴了，噘着小嘴扭头就往家门外跑。你赶忙跟上去却没有发现她的踪影，急得大声叫道："小丹，小丹，（快回来，等等我）！"

④你急忙下楼，远远地看见在院子的一角小丹和小伙伴在玩游戏，一转眼她调皮地爬到了一棵较高的树上摘果子，你跑到树下望着在高处的小丹又怕惊吓到了她，按捺住内心的情绪说道："小丹，（小心啊，拿到果果咱们下来了吧）！"

⑤……接下来一整天所发生的事情，可发挥自己的想象设计得越生动越好。

⑥晚上，小丹躺在床上即将入眠，你轻轻拍着她，温柔地说："小丹丹，（睡觉了……）"

（五）呼吸控制综合能力训练

呼吸控制能力是一种综合能力，其训练不能完全被分割开来。一方面，呼与吸之间应既是一对矛盾，又通过拮抗的力统一起来；另一方面，呼吸控制能力训练不能完全和口腔、喉部控制能力的训练分割开来。若只是一味地训练气息，不结合练声、练字仍然达不到播音发声训练的目的。

综合训练中，有的内容属于强控制，有的属于弱控制，不可片面追求强控制而忽略弱控制的训练。从训练效果角度来说，先从强控制入手训练便于体会呼吸控制的过程，再转向弱控制训练容易把握。强控制的训练犹如缝麻袋，而弱控制更像用绣花针绣花的过程。两种训练各有优势，两相结合更利于达到灵活、自如的效果。

1. 气声配合训练

阴平：调值由5到5，音高无明显高低变化，气息从一开始就要平稳、集中，胸腹控制稳定，丹田处应有较强的支撑力，气息松紧变化不大，整体都较紧，发音时气息有较明显的向前匀速流动之感。

班 攀 滩 单 番 干 酣 颠 天 尖 牵 鲜

播音 西安 分担 拼音 飞天 公关 商家 攀登

珍珠 香菇 江苏 拉丁 开心 租金 乖张 边疆

阳平：调值由3到5，音高由低到高，气息由弱到强，小腹收缩的力度也由弱到强，丹田处有上提的感觉。

别 蓝 学 节 茄 学 决 国 活 时 值 黄

别离 河流 红旗 黄河 白杨 石油 强国 篮球

回绝 祥云 羊群 菏泽 狂澜 长城 描眉 辽宁

上声：调值214，音高先走向低再到高，气息先下沉再提起，胸腹控制力量由稍松变紧。

美 火 好 满 想 讲 两 感 喊 雨 取 海

美好 感想 美满 小品 小雨 草本 了解 巧取

水彩 反省 海选 火腿 辗转 走访 典礼 傀儡

去声：调值由5到1，音高由高到低，气息通畅地下沉，由紧到松。胸部在保持控制的情况下，稍有下移的感觉，但两肋不能松软，小腹保持收力，控制住。

爱 去 再 戴 盖 最 对 会 过 阔 或 抗

月夜　战斗　校对　爱戴　最爱　隧道　派对　客栈

霸道　下线　踉跄　日历　桎梏　债务　概论　万岁

夸大四声训练，配合声调达到以气托声的效果，找到气声合理配比。

发愤图强　翻江倒海　丰功伟绩　赴汤蹈火

大快人心　当机立断　颠扑不破　斗志昂扬

谈笑风生　滔滔不绝　天衣无缝　推陈出新

鸟语花香　逆水行舟　能者多劳　宁死不屈

2. 篇章训练

（1）新闻播报。

随着一声锣响，全国首家专门从事喜剧创作及演出的剧院——北京喜剧院昨晚终于向观众拉开大幕。由著名喜剧演员陈佩斯导演并领衔的《戏台》作为开幕大戏，以全场持续不断的笑声为北京喜剧院打响了头炮。（摘自《北京晚报》2015年7月17日）

（2）现场报道。

现在，我们继续从位于指挥船上的直播视角为大家带来东方之星在扶正之后相关工作的现场直播报道。就在今天早上九点左右船体已经完全扶正。现在用打捞方面的一个专业术语来说，船是在扶正之后坐底成功了，也就是我们现在看到的东方之星的底部仍然是和长江的北岸有某种方式的连接的，它并不是完全悬在水面当中的。我们现在来关注的一个细节就是，靠近江心的这一侧是船的尾部，几乎我们只能够看到顶篷的一个蓝色边檐。但是更靠近于江岸的部分高出了水面大概将近一米。现在现场工作的一个重点是，在扶正之后要进行新一轮的牵缆，而这个牵缆工作会非常重要。因为在下一轮工作当中，会继续用缆绳给处于沉没状态的东方之星一个向上的拉力让它缓缓地浮出水面。（摘自央视新闻频道《新闻直播间》）

（3）节目主持。

观众朋友们，当城市病成为越来越多人心中困扰的时候，有一个人一直渴望自己能成为一个冷静的旁观者。他不爱应酬，也不爱交际，但是他在自己的四格漫画里却用辛辣而又讽刺的笔触让很多人为他拍手叫好。他的名字叫朱德庸。朱先生刚才告诉我，今天早晨他比平时早起了好几个小时，因为他要让自己更早地进入状态，把自己武装起来，才可以在一人一世界的舞台上找到一个属于他自己的角落。接下来我们应该把时间交给他，把这个世界的大门也交给他。而我也将会和舞台上的所有人一起，共同为大家来呈现属于朱德庸先生的个人世界。有请！（摘自央视

网《一人一世界》)

（4）春节联欢晚会开场。

亲爱的朋友们，过年好！这里是2015年中国中央电视台春节联欢晚会的直播现场。感谢全国各族人民、全世界的中华儿女、电视机前的千家万户，又一次与我们相约春晚，喜迎新春！舞台上四世同堂合家欢，荧屏外一年一度又团圆！节日的欢歌唱出的是我们浓浓的、满满的祝愿！愿人勤春早百业旺、国泰家和万事兴！春节不变的传统铸就春晚坚守的情怀，为人民书写，为时代抒怀！今晚我们将展示过去一年来文艺百花园扎根人民、深入生活、繁花似锦的创作盛景！今晚让我们听神州大地共奏《春节序曲》，今晚让我们看五湖四海同唱难忘今宵！（摘自《2015年春节联欢晚会》）

（5）诗歌。

沁园春·长沙

毛泽东

独立寒秋，湘江北去，橘子洲头。

看万山红遍，层林尽染；漫江碧透，百舸争流。

鹰击长空，鱼翔浅底，万类霜天竞自由。

怅寥廓，问苍茫大地，谁主沉浮？

携来百侣曾游，忆往昔峥嵘岁月稠。

恰同学少年，风华正茂；书生意气，挥斥方遒。

指点江山，激扬文字，粪土当年万户侯。

曾记否，到中流击水，浪遏飞舟？

第二篇　练字（含字、词）

第二章　声　母

|第一节 声母理论概述|

一、声母的基本概念

（一）声母的概念

按照汉语语音学的传统分析方法，每一个汉字的音节都是由声、韵、调三部分组成的，即声母、韵母和声调。声母，是指一个汉语音节起头的辅音。正因声母处在一个音节的开头，所以普通话的音节界限分明。声母的发音质量与普通话语音的清晰度、准确度有着密切的联系。

（二）声母的数量

普通话中一共有21个声母（b、p、m、f、d、t、n、l、g、k、h、j、q、x、z、c、s、zh、ch、sh、r）。声母都是辅音，但辅音并不完全都是声母，如ng只出现在音节末尾做韵尾，不充当声母，而辅音n既可作声母又可作韵尾。

普通话中除了21个辅音声母之外，还有零声母。按照汉语语音学的传统分析方法，把汉语音节中没有辅音声母叫作零声母，如"爱"（ɑi）的发音中就只有韵母，没有声母。

（三）声母的发音过程

声母的发音过程一般分为成阻、持阻、除阻三个阶段。在声母的整个发音过程中，成阻、持阻、除阻三个阶段是一个有机的整体，但又各有特点。

成阻，即发音过程中阻碍作用的形成，发音器官从静止到构成阻碍状态的过程，要求成阻部位应准确。

持阻，即发音过程中阻碍作用的持续，发音器官从开始"成阻"到最后"除阻"的中间过程，要求应有足够的力度持续进行部位间的阻碍。

除阻，即发音过程中阻碍作用的消除。除阻速度要快、干脆，弹吐有力，才能更好地带动后面的韵母发音。

例如，发d音时，首先，成阻阶段舌尖中部与上齿龈之间接触、收紧；持阻阶段蓄积足够的气息在舌尖与上齿龈处；除阻阶段，收紧的部分突然打开发音。

二、声母的分类

普通话中的21个辅音声母可以按照不同的发音部位、发音方法以及送气与否、清浊辅音等不同的发音条件进行划分和辨别。

普通话中的声母，按照发音部位可以划分为七种类型：

（1）双唇阻（b、p、m）。上唇和下唇成阻，下唇与上唇接触使双唇闭拢形成阻碍。

（2）唇齿阻（f）。上唇微抬，露出齿沿，上门齿与下唇内缘接触形成阻碍。

（3）舌尖前阻（z、c、s）。舌尖平伸，与上门齿背接触、接近形成阻碍。

（4）舌尖中阻（d、t、n、l）。舌尖和上门齿龈接触、抵住形成阻碍。

（5）舌尖后阻（zh、ch、sh、r）。舌尖稍往后缩，与上齿龈后部、硬腭前部接触、接近形成阻碍。

（6）舌面阻（j、q、x）。舌尖后缩或抵住下齿龈，舌面向上隆起与硬腭前部接触、接近形成阻碍。

（7）舌根阻（g、k、h）。舌头后缩，舌根与硬腭和软腭交界处接触、接近形成阻碍。

除此之外，声母还可按发音方法分类，可以分为塞音、擦音、塞擦音、鼻音、边音。

普通话辅音还有送气和不送气，清和浊的区别。按照气流的强与弱，又可以分为送气音和不送气音。按照声带颤动与否，可以分为清音和浊音。

辅音声母可以从发音部位和发音方法四个方面去描写，将这四个方面综合起来就形成各个声母的"名称"。其公式：名称=发音部位+送气与否+声带颤动与否+阻碍方式。例如，b可以描述为双唇、不送气、清、塞音。

三、声母的发音特点

在汉语普通话中，声母的发音有自身的特点。汉语普通话的声母中清辅音居多，共有17个，包括b、p、f、d、t、g、k、h、j、q、x、zh、ch、sh、z、c、s。相较方言和其他语种，普通话声母的发音特点是清脆、响亮。

根据传统吐字归音的理论，声母属于字头的一部分，其感觉是要叼住弹出，但是不能咬字咬死，也不能松软无力。声母的读音应有一种铿锵之感。

第二节 声母发音训练

一、按发音部位训练

从发音过程来看，无论哪个部位的声母发音都应遵循一定的原则。在声母的整个发音过程中，成阻、持阻、除阻三个阶段是一个有机的整体，但又各有特点。成阻的时候，发音部位要找准，这是发好声母的前提。持阻的时候，整个过程的力度要保持在较强和稳定的状态，这是声母发音准确的关键。除阻的时候，一定要快速干脆，不要拖泥带水，这是声母发音到位的要诀，即要做到"成阻准，持阻强，除阻快"。

（一）双唇阻（b、p、m）

发音要领：

b [p]——双唇、不送气、清塞音

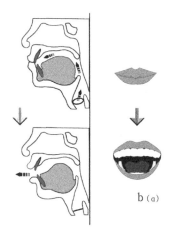

成阻时，双唇内缘闭合，气流不能从口腔中流出。同时软腭上抬，堵塞鼻腔通路。除阻时，气流到达双唇后蓄气，双唇突然打开，爆发而出，气流较少。发音时，声带不颤动。

b（ɑ）

巴 币 播 泊 部 捕 把 比 跛 布 霸 鼻

p [p ']——双唇、送气、清塞音

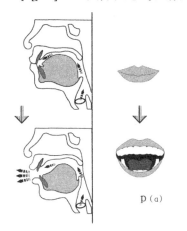

发音时的状态与b相同，只是除阻时有一股较强的气流冲出。

p（a）

爬 皮 破 怕 批 颇 铺 普 葩 痞 婆 璞

m [m]——双唇、浊鼻音

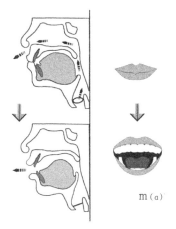

成阻时，双唇内缘闭合，气流不能从口腔中流出。软腭下垂，打开鼻腔通路，舌头自然平放。除阻时，也有爆发音，但较柔和。发音时，声带颤动。

m（a）

麻 米 膜 密 妈 莫 木 亩 马 弥 摸 暮

提升训练：

发音时应尽量做到双唇有力，字音清晰。

（1）口部操：发音前可先做双唇打响或喷唇[1]，做到弹发有力。注意将力度集中于上下唇内缘中央三分之一处。

（2）发音时，双唇不可无力，但切忌满唇用力。若仍感受不到发力点，还可模仿小鱼吐泡的动作，便于体会双唇内缘中央三分之一处用力的感觉；或是多练习

---

1 具体方法请参考本书145页口腔控制部分的相关内容。

双唇音与窄元音组合的音节，如bi-pi-mi，biao-piao-miao等。

（3）双唇音发音还要避免双唇过于前噘或裹唇发音的不良习惯。双唇前噘易导致吐字笨拙、生硬。注意上下唇应自然贴合，唇齿相依。裹唇发音说明双唇力度不足，且影响美观。因此，尽量体会双唇内缘是上下两条线，发力点在两条线的中间三分之一处。

b—版本 摆布 褒贬 背包 奔波 鄙薄 标榜 表白 臂膀 宝贝

跋山涉水 半路出家 暴跳如雷 闭关自守 不约而同 博采众长 不共戴天

p—品牌 拼盘 澎湃 乒乓 铺排 琵琶 皮袍 偏僻 平盆 品评

旁观者清 抛砖引玉 披星戴月 萍水相逢 平心静气 平易近人 普天同庆

m—满面 麻木 埋没 买卖 卖命 谩骂 盲目 美貌 梦寐 明媚

埋头苦干 民富国强 满面春风 弥天大谎 美不胜收 面目全非 默默无闻

训练提示：

在我国东北部分地区，人们习惯性地在b、p、m与o拼合的时候把o变成e，如播音的"播"（bo）会发成be，模仿的"模"（mo）就会发成me。值得注意的是，m能与e拼合，如"么"（me），b、p在普通话中是不能和e直接拼合成音的。

绕口令训练：

八百标兵

八百标兵奔北坡，

炮兵并排北边跑。

炮兵怕把标兵碰，

标兵怕碰炮兵炮。

训练提示：

在训练时，先找到发b、p的准确位置和方法，体会双唇力度的集中，再兼顾到表情达意，结合内容要有场景的想象。如想象八百人的场面、标兵的姿态、奔北坡的气势，想象的画面越清晰，发音状态越积极。

巴老爷

巴老爷有八十八棵芭蕉树，

来了八十八个把式要在巴老爷八十八棵芭蕉树下住。

巴老爷拔了八十八棵芭蕉树，

不让八十八个把式在八十八棵芭蕉树下住。

八十八个把式烧了八十八棵芭蕉树，

巴老爷在八十八棵树边哭。

训练提示：

这则绕口令训练不仅要把b音发得准确清晰，还要把绕口令本身的趣味性、人物之间的关系读出来。如绕口令中的"拔""烧""哭"一系列动词，要加以适当的情绪和重音，展示出这个故事的基本脉络。

盆碰棚

老彭拿着一个盆，

路过老陈住的棚，

盆碰棚，棚碰盆，

棚倒盆碎棚压盆，

老陈要赔老彭的盆，

老彭不要老陈来赔盆，

老陈陪着老彭去补盆，

老彭帮着老陈来修棚。

训练提示：

这则绕口令不要因为特别多的p音，发音时用力过机械、过猛，导致送气过多而"噗"话筒，要尽量达到发音时清晰、自然的效果。同时，也要注意前后鼻音的区分。

白庙和白猫

白庙外蹲一只白猫，

白庙里有一顶白帽，

白庙外的白猫看见了白帽，

叼着白庙里的白帽跑出了白庙。

训练提示：

虽然m是鼻音，但是不能使整个字音都带有浓浓的鼻音色彩，应注意软腭的共鸣控制调节作用。如miao中的声母过渡到韵母时，软腭应立即挺起，否则鼻音色彩会过浓，影响字音的清晰度和响亮度。

（二）唇齿阻（f）

发音要领：

f [f]——唇齿、清擦音

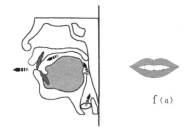

f（a）

成阻时，下唇向上门齿沿靠拢形成间隙。软腭挺起，关闭鼻腔通路，舌位自然平放。除阻时，气流从窄缝中挤出，摩擦成声。发音时，声带不颤动。

发 服 法 罚 佛 富 夫 珐 乏 扶 筏 副

提升训练：

唇齿音发音应做到轻巧到位。

（1）发音时，上门齿沿与下唇内缘应是自然接触，尽量减少接触面。同时，要注意节制气流，不必太过于用力。

（2）注意不要用上齿用力咬住下唇发音，会导致成阻面积大，成爆破音而非擦音了。上齿和下唇接触的位置在下唇内缘。

f—奋发 丰富 方法 夫妇 复方 浮泛 芬芳 吩咐 非凡 反复

翻来覆去 反复无常 防患未然 飞沙走石 飞扬跋扈 分秒必争 风吹草动

绕口令训练：

缝裤缝

一条裤子七条缝，

斜缝竖缝和横缝，

缝了斜缝缝竖缝，

缝了竖缝缝斜缝。

蜂和凤

峰上有蜂，峰上蜂飞蜂蜇凤；

风中有凤，风中蜂飞凤斗蜂。

不知到底是峰上蜂蜇凤，还是风中凤斗蜂。

训练提示：

这两则绕口令中包含了大量的feng的不同声调的字，如"缝""峰""蜂""风""凤"。在发f轻巧到位的同时，要注意把后鼻音和声调都发到位。

（三）舌尖前阻（z、c、s）

发音要领：

z [ts]——舌尖前、不送气、清塞擦音

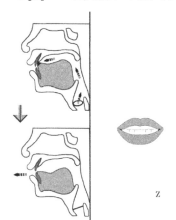

成阻时，舌尖抵住上门齿背。软腭上升，堵塞鼻腔通路。除阻时舌尖瞬间解除阻塞，并在原成阻部位之间保持间隙，气流从间隙中挤出，气流较少。发音时，声带不颤动。

杂 泽 组 匝 仄 字 子 足 扎 则 资 租

c[ts‘]——舌尖前、送气、清塞擦音

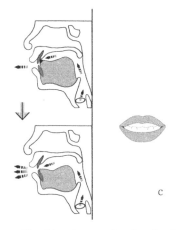

成阻阶段的状态与z相同，只是除阻时有明显的气流从口腔流出。

擦 侧 醋 册 次 此 疵 粗 菜 策 词 促

s[s]——舌尖前、清擦音

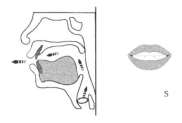

成阻时，舌尖和上门齿背相对，形成空隙。软腭上升，堵住鼻腔通道。除阻时，气流从空隙中挤出。发音时，声带不颤动。

撒 洒 色 涩 四 私 苏 素 飒 塞 死 俗

提升训练：

（1）口部操：发音前可先做顶舌和伸舌[1]训练，体会舌体成收势、力量集中的感觉。

（2）注意，此组音为舌尖前阻，即与上门齿背成阻的部位应该是舌尖前部，但并非指舌尖最尖最靠前的部位。舌尖最尖处既可与上齿背成阻，也可和下齿背成阻，根据个人习惯而定。应把握的关键是发音时，感觉舌尖越尖越好，发音过程（尤其是z、c塞音的部分）点到即止，不可拖泥带水，否则容易出现杂音。

（3）避免舌尖伸到上下齿中间发成齿间音。

z—藏族 遭罪 造作 自尊 走卒 宗族 总则 自责 栽赃 组织

再接再厉 自告奋勇 孜孜不倦 座无虚席 坐吃山空 罪魁祸首 自以为是

c—残存 草丛 苍翠 层次 从此 参差 粗糙 璀璨 催促 匆匆

沧海桑田 草木皆兵 此起彼伏 才疏学浅 蚕食鲸吞 藏头露尾 草草了事

s—色素 三思 松散 四散 搜索 诉讼 速算 琐碎 飒飒 僧俗

四面楚歌 丝丝入扣 死里逃生 俗不可耐 所向无敌 随机应变 损人利己

绕口令训练：

做早操

早晨早早起，

早起做早操，

人人做早操，

做操身体好。

训练提示：

注意z、c、s的发音要尽量感觉是轻巧弹出的，而非笨拙用力。

（四）舌尖中阻（d、t、n、l）

发音要领：

d[t]——舌尖中、不送气、清塞音

---

1 具体方法请参考本书146页口腔控制部分相关内容。

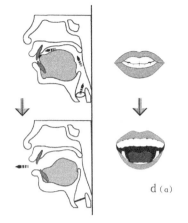

成阻时，舌尖抵住上齿龈。软腭上升，堵塞鼻腔通路。除阻时，气流冲破阻碍，爆破成声，气流较少。发音时，声带不颤动。

d(a)

达 到 等 耷 郸 雕 爹 蹲 逗 鼎 地 瞪

t[t‘]——舌尖中、送气、清塞音

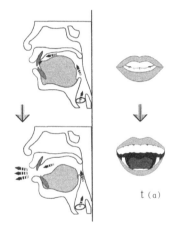

成阻时的状态与d相同，只是除阻时有一股较强的气流冲出。

t(a)

田 他 贪 塌 豚 滕 挺 忑 套 甜 迢 唾

n[n]——舌尖中、浊鼻音

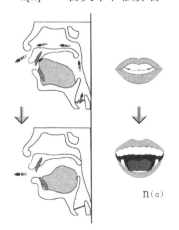

成阻时，舌尖抵住上齿龈。除阻时，软腭下垂，鼻腔通路打开；声带颤动，同时气流从鼻腔透出成声。

n(a)

纳 内 挪 泥 那 腻 您 狞 袅 妞 弩 讷

l[l]——舌尖中、浊边音

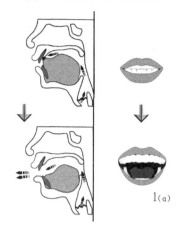

成阻时，舌尖抵住上齿龈后部，阻塞气流从口腔中路通过的通道；除阻时，软腭上升，堵塞鼻腔通路；声带颤动；气流从舌与两颊内侧形成的空隙通过而成声。

1(a)

揽 乐 隆 拉 来 琅 磷 零 螺 撩 咧 蜡

提升训练：

（1）口部操：发音前可先做顶舌、伸舌、舌打响等训练，以舌尖训练为主。体会舌体成收势、力量集中的感觉。

（2）发音时，感觉舌尖尖而有力地与上齿龈成阻，部位精准，成点不成面（n除外，其成阻面积稍大），避免字音显得笨拙。

（3）鼻边音的区分问题可参考后文"鼻边音"发音问题矫正。

d—达到 断定 当代 道德 大地 订单 斗胆 调度 抵挡 颠倒
大公无私 多多益善 单刀直入 顶天立地 德高望重 打成一片 动人心弦

t—抬头 贪图 淘汰 体态 体贴 天堂 调停 铁蹄 听筒 团体
铁证如山 通宵达旦 同舟共济 推波助澜 土崩瓦解 脱颖而出 突如其来

n—恼怒 能耐 拿捏 奶牛 南宁 男女 呢喃 泥泞 牛奶 农奴
怒发冲冠 南腔北调 难分难解 难能可贵 南征北战 弄假成真 怒形于色

l—玲珑 嘹亮 浏览 拉力 来历 伶俐 褴褛 罗列 流露 履历
老态龙钟 来者不拒 劳而无功 流言蜚语 炉火纯青 落花流水

绕口令训练：

炖冻豆腐

会炖我的炖冻豆腐，

来炖我的炖冻豆腐，

不会炖我的炖冻豆腐，

就别炖我的炖冻豆腐。

要是混充会炖我的炖冻豆腐，

炖坏了我的炖冻豆腐，

那就吃不成我的炖冻豆腐。

训练提示：

多个d音相连时更要避免字显得笨拙、生硬。注意成阻部位成点不成面，尽量发得轻巧又有弹动力。同时，可带着一种"生气"甚至稍带"愤怒"的情感来读，注意重音尽量精练，表达出完整的意思。

打特盗

调到敌岛打特盗，

特盗太刁投短刀，

挡推顶打短刀掉，

踏盗得刀盗打倒。

训练提示：

这则绕口令中，d、t不停地与不同韵母配合形成字音，若是舌不够灵活容易将字音发得短促，薄如纸片。因此，在发好声母使字音清晰、有力的基础上，还应注意配合韵母尽量使字音饱满。

男旅客和女旅客

男旅客的上衣有蓝纽扣，

女旅客帽子有绿柳球；

男旅客走进了酒楼，

女旅客涌入了人流。

教练和主力

蓝教练是女教练，

吕教练是男教练。

蓝教练不是男教练，

吕教练不是女教练。

蓝南是男篮主力，

吕楠是女篮主力。

吕教练在男篮训练蓝南，

蓝教练在女篮训练吕楠。

训练提示：

以上两则绕口令都是练习边鼻音之间的快速转换。第二则相对更有难度。要处理好，就必须把所有带有n和l的对比性词组逐个击破。训练时不可太急，由慢到快，循序渐进。

（五）舌尖后阻（zh、ch、sh、r）

发音要领：

zh[tʂ]——舌尖后、不送气、清塞擦音

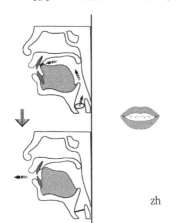

成阻时，舌尖顶住硬腭前端。软腭挺起，关闭鼻腔通路。除阻时，舌尖冲破阻碍瞬间离开上齿龈后部，在原形成阻塞的部位形成间隙，气流从间隙里透出成声。发音时，声带不颤动。

瞻 卓 者 制 蒸 只 斟 扎 哲 嘱 诌 盅

ch[tʂ']——舌尖后、送气、清塞擦音

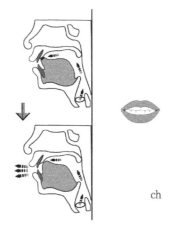

成阻时的状态与zh相同，只是除阻时有明显的气流从口腔中流出。

叉 撤 豺 彻 趁 憧 啜 筹 程 偿 耻 茌

sh[ʂ]——舌尖后、清擦音

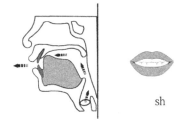

成阻时，舌尖向前上方接近硬腭前端，形成适当的间隙。软腭挺起，关闭鼻腔通路。除阻时，气流从音隙摩擦成声。发音时，声带不颤动。

莎 书 师 蟀 唰 厦 摄 慎 盛 妁 兽 善

r[ʐ]——舌尖后、浊擦音

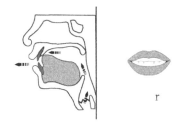

发音状况与sh相同，只是颤动声带。

热 蕊 日 入 韧 扔 壤 容 褥 闰 冗 如

提升训练：

（1）口部操：发音前可先做顶舌、伸舌、舌打响等训练，以舌尖训练为主。体会舌体成收势、力量集中的感觉。

（2）发音时，感觉舌尖尖而有力地与硬腭前端成阻，部位精准；避免位置偏后形成卷舌音，或是位置偏前与平舌音混淆。

（3）这几个音用力的部位在舌尖，不在下巴，也不在双唇，不要噘唇发音。

（4）发力部位在舌尖，而非舌面或舌叶，避免与舌面音j、q、x或英语中的舌叶音sh[ʃ]、ch[tʃ]、dg[dʒ]等音混淆。

zh—周转 主张 注重 扎寨 债主 战争 长者 招展 住宅 忠贞

至理名言 咫尺天涯 掌上明珠 珠圆玉润 郑重其事 振振有词 知己知彼

ch—长城 车床 唇齿 称臣 超产 乘车 出厂 长处 初春 沉重

吃苦耐劳 愁眉不展 触类旁通 陈词滥调 成人之美 畅所欲言 长篇大论

sh—沙石 山水 闪烁 事实 盛世 手术 史诗 伤势 稍稍 时事

事半功倍 深入人心 事在人为 神采奕奕 身价百倍 适得其反 势如破竹

r—荣辱 扰攘 柔弱 冉冉 忍让 仁人 仍然 荏苒 柔韧 濡染

如鱼得水 人云亦云 如梦初醒 入情入理 若无其事 日落西山 人心所向

绕口令训练：

看报纸

时事学习看报纸，

报纸登的是时事。

常看报纸要多思，

心里装着天下事。

训练提示：

这则绕口令主要练习sh、zh的发音。注意其发音部位和力度的把握。

说头

天上有个日头，地下有块石头，

嘴里有个舌头，手上有五个手指头。

不管是天上的热日头，地下的硬石头，

嘴里的软舌头，手上的手指头，

还是热日头，硬石头，软舌头，手指头，反正都是练舌头。

训练提示：

这则绕口令的朗读关键在于要把事情说清楚。天上有什么？地下、嘴里、手上又分别有什么？注意抓重音，且注意把握好整体节奏，读得有趣。

（六）舌面阻（j、q、x）

发音要领：

j[tɕ]——舌面前、不送气、清塞擦音

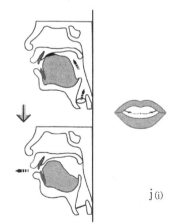

成阻时，舌尖抵住下齿背，舌面前部用力上抬接近硬腭前部。软腭挺起，关闭鼻腔通路。除阻时，在阻塞部位后面积蓄气流，瞬间解除阻塞，在原形成阻塞部位之间保持适度的间隙，气流从间隙透出成声。发音时，声带不颤动。

j(i)

局 就 急 劲 纠 窘 界 绛 掘 骏 敬 歼

q[tɕ']——舌面前、送气、清塞擦音

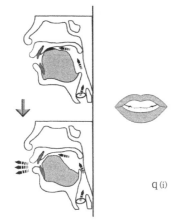

> 成阻时的状况与j相同，只是除阻时气流增强，擦的阶段破除阻碍的气流较强。

q(i)

切 秋 恰 桥 前 穹 腔 妾 抢 倾 屈 阒

x[ɕ]——舌面前、清擦音

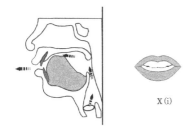

> 成阻时，舌尖抵住或接近下齿背下方，舌面前部接近硬腭中前部形成适度间隙。软腭挺起，堵塞鼻腔通路。除阻时，气流从缝隙中透出，摩擦成声。发音时，声带不颤动。

x(i)

夏 些 洗 侠 闲 镶 嗅 凶 勋 刑 削 薪

提升训练：

（1）口部操：发音前可先做刮舌[1]训练，体会舌面成阻位置，注意体会舌体成收势、力量集中的感觉。

（2）发音时，充分唤醒舌面中前部的力量，使其与硬腭中前部成阻，成阻部位面积小而精准；同时，舌尖放松，避免舌尖同时用力甚至上抬而产生尖音。应放在下齿背靠下的位置，不要碰到牙齿。

（3）舌面阻j、q、x与齐齿呼韵母相拼时注意应是展唇发音。不要用两嘴角向中间拢唇的动作代替舌面中前部用力，否则容易给人感觉"洋腔洋调"。改善的方法是多练双唇嘚—咧—嘚—咧的交替动作，体会两嘴角向两边展开用力的感觉。

---

1 具体方法请参考本书147页口腔控制部分相关内容。

j—焦距 接见 洁净 嫁接 佳节 检举 建交 将军 僵局 讲解
急如星火 假公济私 价廉物美 饥寒交迫 积少成多 疾言厉色 驾轻就熟
q—千秋 欠缺 窃取 缺勤 确切 漆器 凄切 恰巧 牵强 崎岖
旗鼓相当 气吞山河 千真万确 七上八下 其貌不扬 奇耻大辱 求同存异
x—细心 狭小 下乡 下旬 循序 嬉戏 习性 喜讯 心胸 兴修
喜出望外 心急如火 洗耳恭听 喜形于色 先声夺人 现身说法 喜新厌旧
绕口令训练：

稀奇

稀奇稀奇真稀奇，

麻雀踩死老母鸡，

蚂蚁身长三尺七，

老汉七十牙齿才出齐。

训练提示：

这则绕口令练习的是j、q、x与单韵母i的拼合，在把握舌面力度的同时注意嘴形展开。发音可配合情感尽量夸张，将事情讲得有趣。

漆匠和锡匠

西巷有个漆匠，七巷有个锡匠，

西巷的漆匠偷了七巷锡匠的锡，

七巷的锡匠偷了西巷漆匠的漆；

西巷的漆匠为七巷的锡匠偷漆而生气，

七巷的锡匠为西巷的漆匠偷锡受刺激。

一个生气，一个受刺激，

岂不知你俩都是目无法纪。

训练提示：

这则绕口令不送气音q、送气音j、擦音x不断交替出现，除把握发音部位之外，也应注意发音方法上的轻巧、有力。发j、q时成阻面积尽量小，点到即止，x音成阻部位形成的缝隙尽量收得较窄、较细。把握重音，把故事的来龙去脉讲清楚。

（七）舌根阻（g、k、h）

发音要领：

g[k]——舌面后、不送气、清塞音

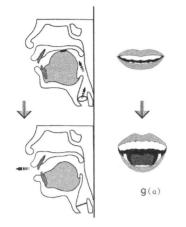

成阻时，舌根隆起顶住硬腭与软腭交界处，形成阻塞。软腭挺起，关闭鼻腔通路。除阻时，气流冲破舌根的阻碍，爆发成声，气流较少。发音时，声带不颤动。

g(a)

歌 股 归 给 隔 艮 杆 关 剐 裹 罐 垢

k[k']——舌面后、送气、清塞音

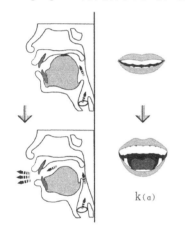

发音时状态与g相同，不同的是除阻时，声门开启，呼出的气流较强。

k(a)

卡 课 刊 喀 啃 扩 烤 坑 恐 酷 挎 兮

h[x]——舌面后、清擦音

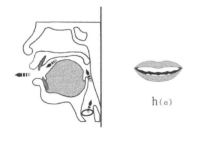

成阻时，舌根隆起，舌高点对着硬腭与软腭交界处，形成缝隙。除阻时，软腭上升，堵塞鼻腔通路，气流从缝隙中挤出，摩擦成声。发音时，声带不颤动。成阻时的位置比g、k稍后，舌位比g、k低。

h(a)

河 害 痕 赫 好 酣 昊 泓 花 诨 豁 哈

提升训练：

（1）口部操：发音前可先做舌根打响训练，舌根与软、硬腭交界处不断地连续做"阻气—突然打开—阻气—突然打开"的打响动作，注意体会舌体成收势、力量集中的感觉。

（2）发音时舌根阻声母成阻部位相对靠后，声音易偏暗，注意充分打开后声腔，且"后音稍前"，否则易产生喉音或压喉的现象。

（3）发h音时，成阻部位形成的缝隙应收小，否则摩擦声会过大造成听感上的不悦。同时软腭在发音过程中要积极挺起，若下垂放松，气流到口腔摩擦成声时容易使小舌也颤动起来，形成类似小舌颤音了。

g—感观 规格 灌溉 骨干 改革 巩固 高贵 光顾 公共 公告

高歌猛进 高谈阔论 歌功颂德 甘心情愿 甘拜下风 感人肺腑 纲举目张

k—开垦 可靠 空旷 苦口 宽阔 坎坷 慷慨 开阔 苛刻 亏空

口蜜腹剑 开卷有益 可歌可泣 开门见山 扣人心弦 开源节流 刻骨铭心

h—后悔 呼唤 海河 化合 憨厚 航海 欢呼 合伙 好汉 花卉

好为人师 和平共处 海枯石烂 海阔天空 海誓山盟 好大喜功 含沙射影

绕口令训练：

分果果

国国和哥哥，树下分果果。

哥哥给国国大果果，国国把大个给哥哥。

哥哥让国国，国国让哥哥。

都说自己要小个，外婆见了乐呵呵。

训练提示：

这则绕口令要注意的是g与不同的韵母和声调的组合，"国（guo）""哥（ge）"比"给（gei）"容易发音偏暗，通过体会发"给"时舌根成阻的部位，调整"国"和"哥"发音的位置。同时做到发音轻巧、灵活，吐字饱满。

哥挎瓜筐过宽沟

哥挎瓜筐过宽沟，

赶快过沟看怪狗，

光看怪狗瓜筐扣，

瓜滚筐空哥怪狗。

训练提示：

这则绕口令要注意的是g和k的快速变化，区分两者发音的细微差别。在练习的时候要注意把后口腔打开，同时软腭不能懒散，要积极立起。这则绕口令也颇具趣味性，所以在读的时候，应该把情态、动作都带上，以达到综合训练的目的。

二、按发音方法训练

普通话的声母按照不同的发音方法，可以分为塞音、擦音、塞擦音、鼻音、边音五类。按照不同的发音方法，可以把同一类的声母放在一起进行类比训练，有助于体会正确的发音方法。

（一）塞音

塞音声母有b、p、d、t、g、k。成阻时，发音部位的两点紧闭；持阻时，保持这种阻碍，同时呼出气流，但气流暂时停蓄在阻碍部分之后；除阻时，突然将阻碍放开，气流透出，因爆发、破裂而成声，也叫"爆发音"或"破裂音"。

训练提示：

塞音发音时在找准发音位置的前提下，应尽量使成阻的两部位之间点对点而不是面对面地成阻，使字音清晰。同时，力量应集中在舌体的中纵线上，保证发音集中有力。通过类比练习，理解并感受塞音的发音技巧和要点。

b—奔波 鄙薄 标榜 版本 宝贝 摆布 褒贬 背包 表白 臂膀
跋山涉水 半路出家 暴跳如雷 闭关自守 不约而同 博采众长 不共戴天
p—偏僻 平盆 澎湃 品牌 拼盘 品评 乒乓 铺排 琵琶 皮袍
旁观者清 抛砖引玉 披星戴月 萍水相逢 平心静气 平易近人 普天同庆
d—调度 抵挡 颠倒 达到 断定 当代 道德 大地 订单 斗胆
大公无私 多多益善 单刀直入 顶天立地 德高望重 打成一片 动人心弦
t—铁蹄 听筒 团体 抬头 贪图 淘汰 体态 体贴 天堂 调停
铁证如山 通宵达旦 同舟共济 推波助澜 土崩瓦解 脱颖而出 突如其来
g—改革 巩固 高贵 感观 规格 灌溉 骨干 光顾 公共 公告
高歌猛进 高谈阔论 歌功颂德 甘心情愿 甘拜下风 感人肺腑 纲举目张
k—坎坷 慷慨 开阔 开垦 可靠 空旷 苦口 宽阔 苛刻 亏空
口蜜腹剑 开卷有益 可歌可泣 开门见山 扣人心弦 开源节流 刻骨铭心

（二）擦音

擦音声母有f、h、x、s、sh、r。成阻时，发音部位的两点接近，但不把气流完全闭塞，中间留一条窄缝隙；持阻时，气流由发音部位的两点间挤过，发生摩擦的声音；除阻时，摩擦的声音完毕。

训练提示：

擦音发音时应缩小成阻时两部位间形成的缝隙，感觉气流从窄缝中均匀摩擦而出，使气流集中，更有冲击力，字音更清晰。通过类比练习，理解并感受擦音的发音技巧和要点。

f—非凡 方法 反复 奋发 丰富 夫妇 复方 浮泛 芬芳 吩咐

翻来覆去 反复无常 防患未然 飞沙走石 飞扬跋扈 分秒必争 风吹草动

h—航海 欢呼 海河 后悔 呼唤 化合 憨厚 合伙 好汉 花卉

好为人师 和平共处 海枯石烂 海阔天空 海誓山盟 好大喜功 含沙射影

x—喜讯 心胸 下乡 细心 狭小 下旬 循序 嬉戏 习性 兴修

喜出望外 心急如火 洗耳恭听 喜形于色 先声夺人 现身说法 喜新厌旧

s—搜索 诉讼 僧俗 色素 三思 松散 四散 速算 琐碎 飒飒

四面楚歌 丝丝入扣 死里逃生 俗不可耐 所向无敌 随机应变 损人利己

sh—沙石 山水 闪烁 事实 盛世 手术 史诗 伤势 稍稍 时事

事半功倍 深入人心 事在人为 神采奕奕 身价百倍 适得其反 势如破竹

r—仍然 荏苒 柔韧 濡染 荣辱 扰攘 冉冉 忍让 仁人 柔弱

如鱼得水 人云亦云 如梦初醒 入情入理 若无其事 日落西山 人心所向

（三）塞擦音

塞擦音声母有j、q、zh、ch、z、c，是"塞音"和"擦音"两种方法的结合，但又不是简单的塞音加擦音。由成阻到持阻的前段，和塞音相同，但是到持阻的后段把阻碍的部分放松一些，即变为擦音的成阻，使气流透出，变成"擦音"的摩擦，持阻后段实为擦音的持阻成声，直到除阻，发音完毕。

训练提示：

塞擦音发音时应调整好塞与擦时长的比例，相比较来说，擦的部分时值更长。还要加强塞的部分的力度，塞向擦过渡时成阻部位的肌肉不可立即放松，还应保持一定紧张度形成窄缝节制气流。

j—将军 僵局 讲解 焦距 接见 洁净 嫁接 佳节 检举 建交

急如星火 假公济私 价廉物美 饥寒交迫 积少成多 疾言厉色 驾轻就熟

q—恰巧 牵强 崎岖 千秋 欠缺 窃取 缺勤 确切 漆器 凄切

旗鼓相当 气吞山河 千真万确 七上八下 其貌不扬 奇耻大辱 求同存异

zh—战争 长者 招展 周转 主张 注重 扎寨 债主 住宅 忠贞

至理名言 咫尺天涯 掌上明珠 珠圆玉润 郑重其事 振振有词 知己知彼

ch—长城 车床 唇齿 称臣 超产 乘车 出厂 长处 初春 沉重

吃苦耐劳 愁眉不展 触类旁通 陈词滥调 成人之美 畅所欲言 长篇大论

z—自尊 走卒 宗族 藏族 遭罪 造作 总则 自责 栽赃 组织

再接再厉 自告奋勇 孜孜不倦 座无虚席 坐吃山空 罪魁祸首 自以为是

c—璀璨 粗糙 催促 残存 草丛 苍翠 层次 从此 参差 匆匆

沧海桑田 草木皆兵 此起彼伏 才疏学浅 蚕食鲸吞 藏头露尾 草草了事

（四）鼻音

汉语普通话中，鼻音声母有m、n。成阻时，发音部位的两点闭合；持阻时，软腭下垂，鼻腔通路开放；除阻时，声带颤动，音波和气流进入口腔和鼻腔后，在口腔受阻再从鼻腔透出成声。

m—美貌 梦寐 明媚 麻木 埋没 买卖 卖命 满面 谩骂 盲目

埋头苦干 民富国强 满面春风 弥天大谎 美不胜收 面目全非 默默无闻

n—南宁 男女 呢喃 恼怒 能耐 拿捏 奶牛 泥泞 牛奶 农奴

怒发冲冠 南腔北调 难分难解 难能可贵 南征北战 弄假成真 怒形于色

（五）边音

汉语普通话中，边音声母只有l。成阻时，舌尖抵住上齿龈后部，阻塞气流从口腔中路通过的通道；除阻时，软腭上升，堵塞鼻腔通路；声带颤动；气流从舌与两颊内侧形成的空隙通过而成声。

l—嘹亮 浏览 拉力 褴褛 罗列 流露 玲珑 来历 伶俐 履历

老态龙钟 来者不拒 劳而无功 流言蜚语 炉火纯青 落花流水 来龙去脉

三、送气音与不送气音训练

普通话声母送气与否的区分只在塞音和塞擦音中区分。声母b、d、g、j、zh、z发音时呼出气流较微弱，为不送气音；声母p、t、k、q、ch、c发音时呼出气流较强，有喷发出口的感觉，为送气音。所谓"送气""不送气"，是指发音时气流的强弱，送气音呼出的气流较强；不送气音呼出的气流较弱，自然流出，但也不是完全没有气流。

汉语普通话中，送气音与不送气音一共有六对：b和p，d和t，g和k，j和q，zh和ch，z和c。每对的第一个为不送气音，第二个为送气音。

在训练时要注意把握好呼出气流的大小，达到"能送能控制"的效果。不能因为是送气音而无节制地送出气流，这样会使以后在话筒前说话时经常"喷话筒"，造成听觉上的不悦。

（一）b与p对比练习

b—p 奔跑 扁平 背叛 不怕 帮派 爆破 标配 别怕 被骗 变频

p—b 普遍 排版 屏蔽 皮包 派别 旁边 平板 跑步 配备 陪伴

绕口令训练：

爸爸抱宝宝

爸爸抱宝宝，

跑到布铺买布做长袍。

宝宝穿了长袍不会跑，

跑了八步就拉破了布长袍。

布长袍破了还要用布补，

再跑到布铺买布补长袍。

补皮裤

上刺儿山，砍刺儿树，

刺儿树扯破我皮裤。

皮裤破，补皮裤，

皮裤不破不必补皮裤。

（二）d 与 t 对比练习

d—t 独特 多条 倒退 殿堂 地图 电台 大体 地铁 冬天 电梯

t—d 特点 团队 态度 停顿 土豆 天地 跳动 妥当 徒弟 停电

绕口令训练：

风吹藤动铜铃响

东洞庭，西洞庭，

洞庭山上一条藤，

藤条顶上挂铜铃，

风吹藤动铜铃响，

风停藤定铜铃静。

谭老汉买蛋和炭

谭家谭老汉，挑担到蛋摊，

买了半担蛋，挑担到炭摊，

买了半担炭，满担是蛋炭。

老汉忙回赶，回家炒蛋饭。

进门跨门槛，脚下绊一绊，

跌了谭老汉，破了半担蛋，

翻了半担炭，脏了木门槛。

老汉看一看，急得满头汗，

连说怎么办，蛋炭完了蛋，

老汉怎吃蛋炒饭。

（三）g 与 k 对比练习

g—k 观看 概况 赶快 顾客 高考 公开 感慨 港口 管控 功课

k—g 宽广 开关 开工 空格 客观 旷工 口感 苦瓜 空港 看管

绕口令训练：

哥挎瓜筐过宽沟

哥挎瓜筐过宽沟，

赶快过沟看怪狗，

光看怪狗瓜筐扣，

瓜滚筐空哥怪狗。

天上看，满天星

天上看，满天星；

地下看，有个坑；

坑里看，有盘冰。

坑外长着一老松，松上落着一只鹰，

松下坐着一老僧，僧前点着一盏灯，

灯前搁着一部经，墙上钉着一根钉，

钉上挂着一张弓。说刮风，就刮风，

刮得那男女老少难把眼睛睁。

刮散了天上的星，刮平了地下的坑，

刮化了坑里的冰，刮倒了坑外的松，

刮飞了松上的鹰，刮走了松下的僧，

刮灭了僧前的灯，刮乱了灯前的经，

刮掉了墙上的钉，刮翻了钉上的弓。

只刮得：星散、坑平、冰化、松倒、鹰飞、僧走、灯灭、经乱、钉掉、弓翻的
一个绕口令。

（四）j 与 q 对比练习

j—q 近期 技巧 急切 剧情 机器 加强 价钱 假期 坚强 激情

q—j 情节 奇迹 全局 期间 情境 强劲 请假 秋季 情景 切记

绕口令训练：

七加一

七加一，七减一，

加完减完等于几？

七加一，七减一，

加完减完还是七。

敬母亲

生身亲母亲，谨请您就寝，

请您心宁静，身心很要紧。

新星伴明月，银光澄清清，

尽是清静境，警铃不要惊。

您请我进来，进来敬母亲。

（五）zh与ch对比练习

zh—ch 主持 支撑 摘除 支持 主创 正常 职称 纸抽 战场 真诚

ch—zh 成长 长征 传真 充值 船长 城镇 初中 车站 查找 车展

绕口令训练：

真主珍珠真珍珠，出城出证出入证。

杂志社出杂志，杂志出在杂志社，有政治常识、历史常识、写作指导、诗词注释，还有那植树造林、治理沼泽、栽种花草、生产手册、种种杂志数十册。

（六）z与c对比练习

z—c 杂草 总裁 早操 座次 字词 自从 佐餐 紫菜 遵从 作词

c—z 存在 测字 操作 参赞 错字 错综 词组 操纵 辞藻 藏踪

绕口令训练：

数果

闲来没事我出城西，树木琳琅我数不齐，

一二三四五六七，七六五四三二一，六五四三二一，

五四三二一，四三二一，三二一，二一一，一个一，

数了半天一棵树，一棵树上七个枝，七个枝结了七样果，

结的是槟子、橙子、橘子、柿子、李子、栗子、梨！

子词丝

四十四个字和词，

组成了一首子词丝的绕口词。

桃子李子梨子栗子橘子柿子槟子榛子，

栽满院子村子和寨子。

刀子斧子锯子凿子锤子刨子尺子，

做出桌子椅子和柜子。

名词动词数词量词代词副词助词连词，

造成语词诗词和唱词。

蚕丝生丝熟丝缫丝染丝晒丝纺丝织丝，

自制粗细丝人造丝。

四、清辅音与浊辅音训练

所谓"清""浊"，是指普通话的辅音音素按照发音时声带的颤动与否分的类。发音时声带颤动为浊音，声带不颤动为清音。

普通话清音声母有17个：b、p、f、d、t、g、k、h、j、q、x、zh、ch、sh、z、c、s。清音不颤动声带，发音时呼出气流较强。

普通话浊音声母有4个：m、n、l、r。另有只做韵尾的浊辅音ng。浊音颤动声带，发音时呼出气流较弱。

m—麻木 埋没 买卖 卖命 满面 谩骂 盲目 美貌 梦寐 明媚

埋头苦干 民富国强 满面春风 弥天大谎 美不胜收 面目全非 默默无闻

n—恼怒 能耐 拿捏 奶牛 南宁 男女 呢喃 泥泞 牛奶 农奴

怒发冲冠 南腔北调 难分难解 难能可贵 南征北战 弄假成真 怒形于色

l—玲珑 嘹亮 浏览 拉力 来历 伶俐 褴褛 罗列 流露 履历

老态龙钟 来者不拒 劳而无功 流言蜚语 炉火纯青 落花流水

r—濡染 荣辱 扰攘 冉冉 忍让 仁人 柔弱 仍然 荏苒 柔韧

如鱼得水 人云亦云 如梦初醒 入情入理 若无其事 日落西山 人心所向

五、零声母音节训练

按照汉语语音学的传统分析方法，把汉语音节中没有辅音的声母叫作零声母。但零声母音节不等于没有声母，尽管从音节形式来看表现为有一个空位，在实际的发音中，零声母音节开头往往带有闭塞或摩擦的辅音成分。尤其为适应艺术语言发声的要求，吐字要清晰有力，不吃字。零声母音节开头应发得有字头的效果。我们在开口呼零声母音节开头加一个喉塞音，即声门紧闭，发音时突然放开成音。

在非开口呼（齐齿呼、合口呼、撮口呼）零声母音节开头的元音前增加一个轻微的摩擦，将开头的元音辅音化。但注意不要摩擦得过于用力，否则会产生多余的噪音，且字显得生硬。

（一）开口呼零声母

阿姨　讴歌　安逸　艾草　哀求　黯然　昂首　昂扬

奥运　爱人　扼要　耳朵　偶尔　欧亚　儿童　阿谀

（二）齐齿呼零声母

意义　音译　营养　依稀　遗迹　一起　艳阳　扬言

要义　摇曳　掩映　眼影　烟雨　应验　演绎　洋溢

（三）合口呼零声母

万物　晚安　威武　无畏　外务　外围　慰问　委婉

巍峨　委员　位于　玩味　文艺　文物　无误　无闻

（四）撮口呼零声母

愉悦　玉宇　越狱　圆月　永远　踊跃　孕育　月晕

预约　欲望　冤狱　韵味　云涌　渊源　岳阳　远洋

｜第三节　声母发音问题矫正｜

一、平翘舌音的分辨（z、c、s 和 zh、ch、sh）

在普通话语音训练中不难发现，很多学生存在平翘舌音不分的语音问题。受方言语音的影响，有的只会发平舌音z、c、s，而不会发翘舌音zh、ch、sh；有些则把平舌音发成翘舌音；有些是平翘舌音混淆，即便能够区分，在发音和字的归类上跟普通话也不尽相同。区别平翘舌音是说好普通话、学好声母的重点。

发不好平翘舌音主要有两个原因，一是受方言影响，理论上不知道哪些字是平舌音，哪些字是翘舌音；二是明知道该发平舌音或翘舌音，受方言发音习惯的影响，无法发到位。

针对第一种情况，我们需要多听辨多积累，记住一些常用的发平翘舌音的字。

针对第二种情况，应注意仔细分辨两组音不同的发音部位。发平舌音时，舌尖与上齿背形成阻塞。发翘舌音时，舌尖要抬向上方抵住硬腭前端，舌尖要翘起来。

对比训练：

z—藏族 遭罪 造作 自尊 走卒 宗族 总则 自责 栽赃 组织

zh—周转 主张 注重 扎寨 债主 战争 长者 招展 住宅 忠贞

c—残存 草丛 苍翠 层次 从此 参差 粗糙 璀璨 催促 匆匆

ch—长城 车床 唇齿 称臣 超产 乘车 出厂 长处 初春 沉重

s—色素 三思 松散 四散 搜索 诉讼 速算 琐碎 飒飒 僧俗

sh—沙石 山水 闪烁 事实 盛世 手术 史诗 伤势 稍稍 时事

z—zh 组长 资质 自主 组织 杂志 奏折 枣庄 尊重 宗旨 增长

zh—z 渣滓 制作 职责 种子 转走 职责 沼泽 追赃 转赠 正宗

c—ch 磁场 辞呈 促成 粗糙 擦除 凑成 操场 仓储 蹭车 存储

ch—c 抽测 长促 陈醋 储藏 除草 纯粹 差错 成册 春蚕 尺寸

s—sh 洒水 撒手 私事 死守 宿舍 诉说 扫射 搜身 丧失 松鼠

sh—s 生涩 申诉 收缩 寿司 输送 圣僧 疏散 神速 疏松 叔嫂

绕口令训练：

早招租，晚招租，总找周邹郑曾朱。

师部司令部指示：四团十连石连长带四十人在十日四时四十四分按时到达师部司令部，师长召开誓师大会。

报纸和刨子

报纸是报纸，刨子是刨子，

报纸能包包子，不能包桌子，

刨子能刨桌子，不能刨报纸。

抱子看报纸

报纸是报纸，抱子是抱子，

报纸、抱子两件事，

抱子不是报纸，

看报纸不是看抱子，

只能抱子看报纸。

三山撑四水

三山撑四水，

四水绕三山，

三山四水春常在，

四水三山四时春。

石小四和史肖石

石小四，史肖石，一同来到阅览室。

石小四年十四，史肖石年四十。

年十四的石小四爱看诗词，

年四十的史肖石爱看报纸。

年四十的史肖石发现了好诗词，

忙递给年十四的石小四，

年十四的石小四见了好报纸，

忙递给年四十的史肖石。

司小四和史小世

司小四和史小世，

四月十四日十四时四十上集市，

司小四买了四十四斤四两西红柿，

史小世买了十四斤四两细蚕丝。

司小四要拿四十四斤四两西红柿换史小世十四斤四两细蚕丝。

史小世十四斤四两细蚕丝不换司小四四十四斤四两西红柿。

司小四说我四十四斤四两西红柿可以增加营养防近视，

史小世说我十四斤四两细蚕丝可以织绸织缎又抽丝。

数狮子

公园有四排石狮子，

每排是十四只大石狮子，

每只大石狮子背上是一只小石狮子，

每只大石狮子脚边是四只小石狮子，

史老师领四十四个学生去数石狮子，

你说共数出多少只大石狮子和多少只小石狮子？

狮子和柿子树

山前有四十四棵死涩柿子树，

山后有四十四只石狮子。

山前的四十四棵死涩柿子树，

涩死了山后的四十四只石狮子。

山后的四十四只石狮子咬死了

山前的四十四棵死涩柿子树。

不知是山前的四十四棵死涩柿子树

涩死山后的四十四只石狮子；

还是山后的四十四只石狮子

咬死了山前的四十四棵死涩柿子树。

三斗三升酸枣子

山上住着三老子，山下住着三小子，山腰住着三哥三嫂子。

山下三小子，找山腰三哥三嫂子，借三斗三升酸枣子，

山腰三哥三嫂子，借给山下三小子三斗三升酸枣子。

山下三小子，又找山上三老子，借三斗三升酸枣子，

山上三老子，还没有三斗三升酸枣子，

只好到山腰找三哥三嫂子，给山下三小子借了三斗三升酸枣子。

过年山下三小子打下酸枣子，还了山腰三哥三嫂子两个三斗三升酸枣子。

二、鼻边音的分辨（n、l）

鼻边音问题是南方部分地区训练者们的难点。

两个音有相似之处，即都是舌尖中阻，发音部位相同；发音时声带都要颤动，为浊音。

两者发音的不同点大致可以分为以下几点：首先，n为鼻音，气流从鼻腔出，如果捏住鼻子就不能出声了；l为边音，气流从口腔出，捏住鼻子发音仍然清晰。

其次，n发音时整个舌尖抵住上齿龈，成阻面积大；l发音时舌尖与上齿龈只在一个点上发生触碰，除阻时轻轻弹开即可，成阻的面积较小；最后，发音力度也不同，n发音时力度较强；l发音时较为轻巧，力度较弱，点到即止。

对比训练：

n——恼怒 能耐 拿捏 奶牛 南宁 男女 呢喃 泥泞 牛奶 农奴

l——玲珑 嘹亮 浏览 拉力 来历 伶俐 褴褛 罗列 流露 履历

n—l 努力 年龄 拿来 能力 能量 尼龙 你俩 奴隶 奶酪 内陆

l—n 理念 老年 雷诺 老牛 辽宁 流年 留念 岭南 连弩 陇南

绕口令训练：

老大娘和老大狼

老大娘遇上了老大狼，

老大狼要吃老大娘；

老大娘叫来张二郎，

一起打死了老大狼。

妞妞和牛

牛牛要吃河边柳，妞妞赶牛牛不走，

妞妞护柳牛扭头，牛牛扭头瞅妞妞，

妞妞扭牛牛更拗，牛牛要顶小妞妞，

妞妞捡起小石头，吓得牛牛扭头走。

牛郎恋刘娘

牛郎年年恋刘娘，

刘娘连连念牛郎；

牛郎恋刘娘，

刘娘念牛郎，

郎恋娘来娘念郎。

老龙与老农

老龙恼怒闹老农，

老农恼怒闹老龙。

农怒龙恼农更怒，

龙恼农怒龙怕农 。

三、f、h 的分辨

f与h的不同，主要是发音部位的不同。发f时，上齿与下唇成阻；发h时，舌根与软硬腭交界处成阻。f的发音部位靠前，h的发音部位靠后。

对比训练：

h—后悔 呼唤 化合 憨厚 航海 欢呼 海河 合伙 好汉 花卉

f—奋发 丰富 夫妇 复方 浮泛 芬芳 吩咐 非凡 方法 反复

h—f 回复 话费 恢复 合肥 回访 护肤 合法 横幅 会费 画风

f—h 复合 发货 符合 废话 凤凰 返回 符号 返还 粉红 负荷

绕口令训练：

买混纺

丰丰和芳芳，纺坊买混纺。

红混纺，粉混纺，黄混纺，灰混纺，

红花混纺做裙子，粉花混纺做衣裳。

红、粉、黄、灰花样多，五颜六色好混纺。

画凤凰

费家有面粉红墙，粉红墙上画凤凰。

凤凰画在粉红墙，红凤凰、黄凤凰，

红凤凰看黄凤凰，黄凤凰看红凤凰，

粉凤凰、飞凤凰，粉红凤凰花凤凰，

全都仿佛活凤凰。

化肥

初入江湖：化肥会挥发。

小有名气：黑化肥发灰，灰化肥发黑。

名动一方：黑化肥发灰会挥发；灰化肥挥发会发黑。

天下闻名：黑化肥挥发发灰会花飞；灰化肥挥发发黑会飞花。

一代宗师：黑灰化肥会挥发发灰黑讳为花飞；灰黑化肥会挥发发黑灰为讳飞花。

超凡入圣：黑灰化肥灰会挥发发灰黑讳为黑灰花会飞；灰黑化肥会会挥发发黑灰为讳飞花化为灰。

天外飞仙：黑化黑灰化肥灰会挥发发灰黑讳为黑灰花会回飞；灰化灰黑化肥会挥发发黑灰为讳飞花回化为灰。

第三章　韵　母

|第一节　韵母理论概述|

一、韵母的基本概念

韵母是中国传统音韵学术语，是指除声调外一个汉语音节声母后面的部分。韵母主要由元音和复合音充当。其中复合音可以是多个元音，也可以是元音加辅音构成。但汉语普通话只有两个鼻辅音n、ng可以作韵母，且总是出现在韵尾。

从韵母的结构来看，它主要分为韵头、韵腹和韵尾三个部分，也可叫作介音、主要元音和尾音。韵母只有一个元音时，这个元音即是韵腹。当韵母是复合音时，发音的开度最大、声音最响亮的一个元音叫作韵腹。韵腹之前的元音叫作韵头，之后的元音或辅音叫作韵尾。从汉语普通话音节的结构特点来看，并不是每一个音节中的韵母都有韵头和韵尾两个部分。韵母可以没有韵头，也可以没有韵尾，但不可以没有韵腹。

二、韵母的分类

（一）按结构划分法

按照语音结构，韵母可分为单元音韵母、复合元音韵母和鼻韵母三种类型。汉语普通话共有39个韵母，包括单元音韵母10个，复合元音韵母13个及鼻韵母16个。

单韵母又称单元音韵母，是由一个元音构成的韵母。汉语普通话中的单韵母可分为两类：一般单纯元音（也称舌面元音）和特殊元音。一般单纯元音包括ɑ、o、e、ê、i、u、ü；特殊元音包括舌尖元音韵母-i[ʅ]、-i[ɿ]和卷舌元音韵母er。

复合元音韵母，是由两个或三个元音组合而成的。复合元音韵母在发音过程中，舌位的前后、高低和唇形的圆展会发生连续的移动变化，这种舌位移动的过程叫作舌位的动程。复韵母可分为三类：前响复韵母、中响复韵母和后响复韵母。前响复韵母包括ɑi、ei、ao、ou，中响复韵母包括iao、iou、uai、uei，后响复韵母包括iɑ、ie、uɑ、uo、üe。

鼻韵母是指韵母是鼻音的韵母。普通话中可成为韵尾的鼻音是n和ng。带前鼻音n的韵母称为前鼻音韵母，包括 an、en、in、ün、un、ian、uan、üan；带后鼻音ng的韵母称为后鼻音韵母，包括ang、eng、ong、ing、iang、uang、ueng、iong。

（二）"四呼"分类法

韵母还可按照汉语语音学传统分析方法，将韵母分为"四呼"。"呼"是根据韵母开头一个元音的唇形状况给韵母划分类别，分为开口呼、齐齿呼、合口呼、撮口呼。

开口呼：指没有韵头，韵腹又不是i、u、ü的韵母。普通话共有15个开口呼韵母：ɑ、o、e、ɑi、ei、ao、ou、an、en、ang、ê、-i[ʅ]、-i[ɿ]、er。

齐齿呼：韵头或韵腹是i的韵母。普通话共有9个齐齿呼韵母：i、ia、ie、iao、iou、ian、in、iang、ing。

合口呼：韵头或韵腹是u的韵母。普通话共有10个合口呼韵母：u、ua、uo、uai、uei、uan、uen、uang、ueng、ong。

撮口呼：韵头或韵母是ü的韵母。普通话共有5个撮口呼韵母：ü、üe、üan、ün、iong。

不同的人说话有不同的习惯，有的人说话始终喜欢展唇，有的始终喜欢拢唇。若是口形不变化，字音的准确度会受到直接影响。因此，韵母"四呼"的分法对韵母发音有非常重要的作用：因口形的不同，韵母发音的准确度和音色会受到直接的影响。从调整语音、吐字和嗓音状态角度来说，"四呼"的训练可帮助我们解决口腔中字音发力点的问题。开口呼韵母发力于喉，齐齿呼韵母发力于齿，合口呼韵母力在满口，撮口呼韵母发力于唇。找到着力位置就能有效解放掉其他部位，使吐字发音训练效果更优。

三、元音舌位图

元音的发音不同于辅音，元音韵母其音色上的差别主要由三个条件决定：口腔的开度、舌位的高低、唇形的圆展，这就是元音的发音条件。

我们还可以通过元音舌位图来准确掌握元音的发音要领。舌位是指元音发音时舌面隆起的最高点，也就是舌头隆起部分最接近上腭的那一点，所以又叫"近腭点"的位置。

元音舌位图是一种示意图，用以标记发不同的舌面元音时的舌位。四个端点分别表示发音时舌头在口腔中上下前后的四个极端位置。用直线将四个端点连接起来形成一个四边形。四边形横面分为前、央后，用以表示舌位的前后；竖面分为低、半低、半高、高，用以表示舌位的高低（口腔的开闭）。竖线的左侧标记不圆唇音，右侧标记圆唇元音。

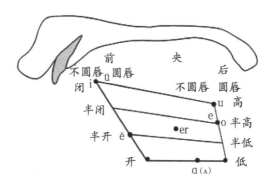

|第二节　韵母发音训练|

韵母发音的准确性对语音发声的准确度有着极为重要的影响，同时，在汉语普通话音节中，韵腹是整个音节中开度最大、声音最响亮、发音时值最长的部分，其准确度对字音的响度和饱满度都有很大的影响。

一、单韵母发音训练

（一）训练原则

（1）单韵母发音决定于舌位的前后、高低和唇形的圆展，因此，应找到恰当的舌位和唇形，使发音准确。尤其要注意，在单韵母发音结束之前，舌位和唇形不应随意地滑动变形，发音时口腔状态应保持相对稳定，一旦变形就不再是原来的单韵母了。

（2）从艺术语言发声角度来看，韵母发音应达到圆润、饱满、响亮、集中的要求。由单韵母构成的音节，这个韵母本身又作为韵腹而存在。音节的响度和饱满度很大程度上取决于这个韵母，所以，我们通常遵循开音稍闭，闭音稍开；前音稍后，后音稍前；圆唇稍扁，扁唇稍圆的发音原则。

（二）训练提示

根据自身情况来训练，可以对一个音进行舌位前后、高低和唇形的反复比较，更有助于我们体会不同元音的形成与舌位、唇形关系，改善音准问题。

（三）发音训练

1. 舌面元音

a [A]——舌面央、低、不圆唇元音

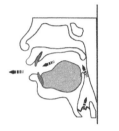

发音要领：

口腔打开，舌体自然平放，保持央低状态，舌尖接触下齿龈，双唇自然展开。应注意，在发音时，声带颤动，打开后声腔，软腭上升抬起，将鼻腔通路关闭。

八 搭 擦 拔 怕 妈 踏 拿

提升训练：

a 的发音在准确的基础上应尽量做到饱满、响亮、圆润。

（1）口部操：发音前，可先做充分打开口腔的训练，包括半打哈欠（张）、啃苹果、夸张咀嚼等，并仔细体会训练时上腭主动张合的力，为发好 a 音作准备。

（2）打开口腔应注意不要靠微笑的表情横向咧开，而是纵向地、靠上腭主动向上方，像支帐篷一样舒展地打开，注意软腭挺起避免走鼻音。而此时，下巴应放松，否则声音会显得干瘪。

（3）注意发 a 音舌体只需要自然平放，舌位处于央低状态，声音沿舌部中纵线向外送时不需要额外的力，尤其注意舌根不要用力下压。

巴 爬 麻 擦 插 搭 它 咖

发达 打靶 喇叭 哈达 打发 马达 大咖

巴山蜀水 八面玲珑 跋山涉水 大步流星 大刀阔斧 发愤图强

训练提示：

训练双音节词时，在字音准确的基础上也应尽量使用暖声的表达方式。例如，训练"妈妈"时，内心可想象妈妈慈爱的眼神，温暖的怀抱，再发自内心地、积极而深情地呼唤——妈妈。此时发出的字音更容易较自然地做到饱满而响亮。

当然，每一次训练内心的想象都可不同，积极地、热情地、坚定地……随想象呼唤"妈妈"时场景的不同表现出不同效果的 a 音来。通过听辨比较更便于找到响亮、饱满的 a 音。

绕口令训练：

白石塔

白石塔，白石搭，

白石搭白塔，白塔白石搭，

搭好白石塔，石塔白又大。

训练提示：

绕口令的训练不能像背课文似的拖腔拖调或是毫无节奏韵律感地一字一顿。训练时，可首先将绕口令中的双音节或多音节词拎出来练习，关注字音的准确度。若想进一步达到发音更美的效果，我们应在双音节或多音节的训练中积极寻找口腔的发音状态，再配合情境的想象。

（1）拆分成词训练时，关注发 a 音口腔的开度及舌位。其中的字音 da、ta 受前面声母送气与否的影响，da 的响亮度容易比 ta 更大，可反复对比，使差距缩小。

（2）配合情境想象：白石塔有多白？石塔有多高？搭白塔时"搭"这个动作的动态感，每一个"搭"字的分量感是否一致？石塔有多大？再将词语组合起来关注传情达意的目的，想象的石塔越白、越高、越漂亮，越有积极的状态，用内心强烈的表达愿望作为动力，发音会更加自然。

张大妈 夏大妈

张大妈，夏大妈，

你看咱社的好庄稼。

高的是玉米，

低的是芝麻，

开黄花儿、紫花儿的是棉花，

圆溜溜的是西瓜，

谷穗长得像镰把儿，

钩着想把地压塌。

张大妈，夏大妈，

边看边乐笑哈哈。

训练提示：

（1）拆分训练时，注意其中有单韵母 a 音的字。ba、ma、da、ha，其中 ha 受擦音声母的影响不容易发得饱满、响亮，通过训练和反复听辨，可用前面容易发好的ba、da来带动发音。

（2）这条绕口令情景、画面都很生动，训练时一定通过联想和想象让每一个人物和事物的形象感更加鲜明。玉米有多高？芝麻有多低？西瓜有多圆？谷穗多长多饱满？笑得有多开心？每次训练加入不同的想象，充分调动积极、强烈的播讲愿望，再将口腔舒展地打开，体会发a音时响亮、饱满而又舒服的位置。

o [o]——舌面后、半高、圆唇元音

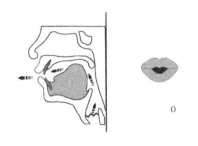

o

发音要领：

口腔半闭，舌位半高，舌面后部隆起，舌面两边微卷，舌面中部稍凹。双唇自然拢圆。发音时，声带颤动，软腭上升挺起，关闭鼻腔通路。

坡　伯　破　磨　末　播　婆　薄

提升训练：

（1）与u音相似，先训练拢唇，体会双唇向中间收缩、拢圆的力度。同时，配合打响舌根的动作，舌根力量集中于舌根中纵线上。

（2）开始发音时，注意唇齿相依向内收缩，不可噘唇，且尽量使用唇的内缘与两嘴角形成圆唇状，o的口形比u稍大，唇的力度稍弱。

（3）o的舌位比u稍低，软腭与舌根之间的距离比u大。

拨　佛　叵　摸　迫　帛　勃　抹　末

伯伯　薄膜　泼墨　婆婆　饽饽

磨刀霍霍　墨守成规　波澜壮阔　博学多才　博大精深　没齿难忘

u—o（舌位高低对比训练）

布帛　抚摸　赌博　突破　辱没　琥珀　互搏　主播

o—u（舌位高低对比训练）

波谱　佛珠　波谷　蘑菇　博古　坡度　魔窟　破鼓

绕口令训练：

老婆婆

王大伯家老婆婆，

今年年末八十多。

背不驼，腿不跛，

为晒太阳爬坡坡。

爱吃菠萝、菠菜、胡萝卜，

白天馍馍蘸芥末，

晚上芥末夹馇馇。

东摸摸，西摸摸，

家务活儿没少做。

捧着笸箩簸一簸，

簸出茶叶剩下末儿。

训练提示：

这条绕口令中有单韵母o，也有后响复韵母uo。在训练之前先分辨清楚，比较两者发音的区别。

e [ɤ]——舌面后、半高、不圆唇元音

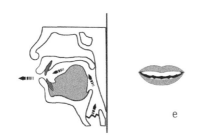

发音要领：

口腔半闭，舌位后半高，舌体后缩。舌面后部隆起，舌面两边微卷，舌面中部稍凹。发音时，声带颤动，嘴角向两边微展，软腭挺起，关闭鼻腔通路。

特 德 乐 讷 车 辙 社 热 河 可

提升训练：

（1）e发音的难点在舌位，训练舌根拢起的力。可练打响舌根，舌根力量集中于舌根中纵线上。再训练咧唇，体会两嘴角朝两边展开的感觉。

（2）开始发音时，e的舌位与o一致，属于后半高元音，只是唇形不同。舌根抬起时，向中纵线收拢，力度集中。南方的同学若e音舌位发得总是靠前，可用有单韵母o音的舌位来带动发音。

（3）e与o的区别在唇形。o为圆唇音，e为展唇音，发音时口形稍开，两嘴角微展。

特色 舍得 割舍 歌德 苛刻 客车 客舍

o—e（唇形圆展对比训练）

博客 破格 波折 破车 破折 漠河 薄荷

提示：以o带e来调整e的舌位使其保持与o基本一致。

e—o（唇形圆展对比训练）

刻薄　折磨　车模　恶魔　扯破　色魔　割破

绕口令训练：

黄贺和王克

一班有个黄贺，

二班有个王克，

黄贺王克二人搞创作，

黄贺搞木刻，

王克写诗歌。

黄贺帮助王克写诗歌，

王克帮助黄贺搞木刻。

由于二人搞协作，

黄贺完成了木刻，

王克写好了诗歌。

训练提示：

绕口令中有单韵母e的音节都是与舌根阻声母相拼，这有利于找准e的发音位置，同时，加强舌根力度集中的训练，使e音发得准确而响亮。

鹅

坡上立着一只鹅，

坡下就是一条河。

宽宽的河，

肥肥的鹅，

鹅要过河，

河要渡鹅。

不知是鹅过河，

还是河渡鹅。

ê [ɛ]——舌面前、半低、不圆唇元音

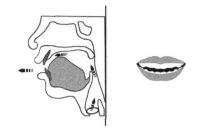

发音要领：

口腔半开，舌位前半低，舌尖微触下齿背。舌面前部隆起，嘴角向两边微展。发音时，声带颤动，软腭挺起，关闭鼻腔通路。

夜 月 别 瞥 蝶 铁 咧 捏 街 切 谢

这个音虽为单韵母，但一般不会单独出现，而是结合i、ü拼合成复韵母。

i[i]——舌面前、高、不圆唇元音

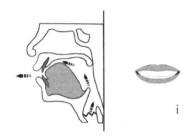

发音要领：

口腔开度小，舌位前高，双唇呈扁平形，嘴角向两边展开，舌尖轻触下齿背，舌面前部隆起。发音时，声带颤动，软腭上升，关闭鼻腔通路。

鼻 皮 低 眯 替 鸡 奇 几

提升训练：

（1）口部操：此音的训练可先从伸舌尖开始。舌尖先抵在上门齿和下门齿之间，上下门齿用力阻碍舌尖向前钻，而舌体两边向舌头中线方向收拢，再用力向前方挤出又尖又细的舌体，形成一组对抗的力。

（2）将舌尖的力道柔韧地推送到舌位前、高处。同时注意唇形，嘴角朝两边展开发出字音。

（3）若想声音更加饱满，共鸣效果更强，舌位可稍后调，窄音稍宽，闭音稍开。我们可以用一个带a的音节带动发音，或是只张口做a的口形不出声带动发i音，使i音有一定的开度和共鸣效果。

笔 披 谜 地 题 记 七 习

谜题 立即 秘密 霹雳 汽笛 积极 犀利 细腻

比翼双飞 碧海青天 立竿见影 礼贤下士 披星戴月 喜出望外

训练提示：

训练双音节时，可先选择其中自己内心感受特别强烈的。比如，"奇迹"，内心可想象一个有关生命奇迹的故事，某个形象在脑海中不断浮现并生发出一种惊叹不已和无限崇敬之情，情感够丰富了，再将字音清晰而响亮地送出。

a—i（宽窄对比训练）

答题　大吉　大体　拉力　沙壁　打气　杂技　大地

i—a（宽窄对比训练）

击打　笔法　批发　蓖麻　吉他　稽查　鸡杂　细沙

绕口令训练：

拖拉机

一台拖拉机，

拉着一张犁，

拖拉机拉犁

犁犁地，

犁地犁得深又细。

拖拉机出了力，

犁犁的地，

你说是犁犁的地，

还是拖拉机犁的地？

训练提示：

（1）拆分词语训练时，同样以开带闭，保证字音的开度和响度。"犁犁地"为三个单韵母i连在一起，考验舌的灵活度，可先做弹舌训练，感觉舌尖较灵活时再进行训练。

（2）从整体表达来看，"拖拉机"和"犁"要具有形象感，讲述时要感觉有趣，进而保证发音集中、响亮而自然。

开车戒"三急"

小李开奥迪，

开车有"三急"：

一急就生气，

一气就崴泥；

二和别人比，

一比就起急，

一急就赌气，

一气就崴泥；
三怕有心事，
有事就惦记，
遇事火气大，
常拿油门撒脾气。
权衡利和弊，
开车戒“三急”，
调整好心气，
安全是第一。

训练提示：

这条绕口令难度不大，但涉及大部分与i相拼的声母，可训练舌头各部位声母与i音的配合时，尽量保证i音的响度一致。在表达方面，要注意把握小李的性格特征，同时应表现出关切地提醒受众别学小李的语气。

u [u]——舌面后、高、圆唇元音

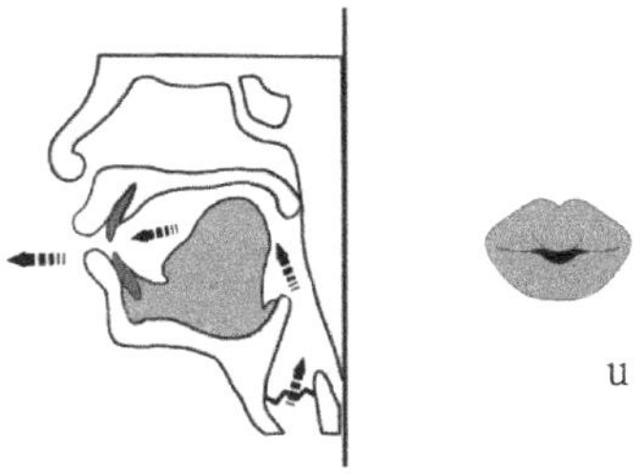

发音要领：

口腔开度小，舌位后高，双唇收缩成圆形，稍向前突，中间留一小孔，舌后缩，舌面后部高度隆起，发音时声带颤动，软腭上升，关闭鼻腔通路。

布　扑　富　都　图　路　奴　古

提升训练：

（1）u音色容易偏暗，我们可先做拢唇的训练，体会双唇向内收缩的力度。同时，配合打响舌根的动作，舌根力量集中于舌根中纵线上。

（2）开始发音时，注意不可噘唇，唇齿相依，用双唇内缘将唇形拢圆。

（3）再注意舌根隆起时整个舌体有稍往后缩的感觉，舌尖与上下齿背应保持一定距离，否则字音不准确。

（4）若仍觉得声音发闷，可用双唇阻声母与u拼合来带发闷的字音，更易体会字音集中外送的感觉。

独　租　住　初　入　枯　骨　胡

双唇阻与u拼合带动发音：

布谷　葡萄　补足　普度　铺路　瀑布

哺乳　木屋　复苏　粗俗　孤苦

不负众望　步调一致　鼓舞人心　固若金汤　珠联璧合　普天同庆

训练提示：

双音节词训练时，应注意两个问题：与ü音相似，当两个音节都带单韵母u时，双唇贴齿向内收缩的力度若一直保持不变，或是每出一个音节将力度撤掉、唇形变展再重新发力，会造成字音生硬、不自然的问题。只需发完第一个音节后将双唇内缘肌肉稍稍放松，第二个音节再重新收紧即可。

ü—u（舌位前后对比训练）

雨雾　屈服　局部　曲阜　拘捕　女仆　曲目　拘束

u—ü（舌位前后对比训练）

步履　无语　谱曲　顾虑　度曲　不许　首蓿　赌局

u—i（舌位、唇形配合对比训练）

五一　独立　土地　妒忌　土气　目的　古迹　陆地

i—u（舌位、唇形配合对比训练）

义务　起伏　记录　凄苦　几乎　击鼓　欺负　替补

绕口令训练：

镇江醋

镇江路，镇江醋。

镇江名醋出此处，

此处卖醋镇江醋。

老崔买醋太疏忽，

匆匆促促买错醋，

买了次醋味儿不足。

训练提示：

（1）hū音易受h的影响，使u音不易发得响亮，可靠其他响亮的u音来带，如lù、zú。

（2）使用暖声，以情带声达到字音集中响亮而自然的效果。

鼓上画只虎

鼓上画只虎，

破了拿布补。

不知布补鼓，

还是布补虎。

训练提示：

该绕口令字音难点在舌根与u拼合时字音响度和集中度的问题。可多比较"布、补"与"鼓、虎"响度的不同，以"布"带"鼓"的方式训练。

ü [y]——舌面前、高、圆唇元音

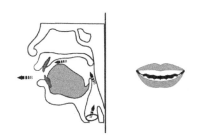

发音要领：

口腔开度小，舌位前高，双唇撮圆，略向前突，中部留一扁圆小孔，舌尖抵下齿背，舌面前部隆起，发音时，声带颤动，软腭上升抬起，关闭鼻腔通路。

旅　玉　居　取　去　徐　絮　驴

提升训练：

（1）ü音舌位的发音要领与i音基本一致，其不同点在于唇形。ü音是圆唇元音，而i为不圆唇元音。

（2）先练习拢唇，充分训练口轮匝肌和两嘴角的力度，再找撮口的感觉，即两个嘴角往中间稍用力撮圆。撮的时候应注意双唇不能向前方噘起作吹哨状，而应保持唇齿相依，尤其是上唇应稍用力贴齿撮起。

（3）此音还应注意唇形与舌位要配合完成发音。不要唇形一撮圆舌位就往后缩，这样发出的ü音很空，不能达到集中、响亮的效果。

吕　区　虚　举　剧　去　驴　宇

旅居　聚居　渔具　吕剧　玉宇　絮语　屈居　女婿

居安思危　举世瞩目　趋之若鹜　曲径通幽　虚怀若谷　绿水青山

训练提示：

要注意双音节词中两个音节韵母都是ü，不要图省事，撮着的唇形一直处于紧张状态完全不放松，只是两音节的声母发音部位变化而已，这样发出的字音稍显生硬。可在先发完第一个音节后双唇保持撮圆的形状但口轮匝肌稍稍地放松一点，第二个音节再重新收紧，发音会更加自然、清晰。

i—ü（唇形圆展对比训练）

崎岖　机遇　给予　起居　洗浴　七律　奇遇　戏剧

ü—i（唇形圆展对比训练）

履历　绿地　雨季　预计　语气　蓄意　序列　玉米

绕口令训练：

李玉举

郊区李玉举，

家居拥军渠，

娶女徐如玉，

生活如意又宽裕，

玉渊草场放群驴，

玉渊河里忙捕鱼，

逢年过节演大戏。

玉举唱京剧，

如玉唱昆曲，

演出遇大雨，

躲进屋里改豫剧。

训练提示：

该绕口令中"娶女徐如玉"一句ü音较多，应注意其集中度和响度，尽量不受到前面不同声母的影响，加强舌尖力度与撮口的配合。

女小吕

这天天下雨，

体育运动委员会穿绿雨衣的女小吕，

去找穿绿运动衣的女老李。

穿绿雨衣的女小吕，

没找到穿绿运动衣的女老李，

穿绿运动衣的女老李，

没见着穿绿雨衣的女小吕。

训练提示：

（1）拆分训练时注意字音，i-ü，n-l分辨清楚，可先做舌尖部位的运动，顶舌、伸舌、弹舌，使舌尖有弹性、力度集中。

（2）难度越大的绕口令越不能一味纠结于字音，口部操训练到位后，应放松口腔，但随时准备发力。在意思表达清楚的前提下，尽量做到字音准确、自然、流畅。

2. 舌尖元音

-i[ʅ]——舌尖前、高、不圆唇元音

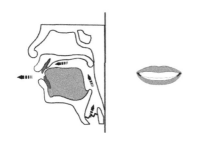

发音要领：

　　口微开，展唇，舌尖轻触下齿背，舌尖前和上齿背保持适当距离，声带颤动发音。这个韵母只和z、c、s有拼合关系，如"字、词、寺"的韵母发音。

字　紫　慈　辞　思　驷

训练提示：

（1）此音不用分解开来单独练习，应与z、c、s进行拼合训练。在声母发音位置准确、集中的前提下，保持声母发音除阻完成之后的自然状态，并延长该状态即可。但注意，发-i[ʅ]音时舌尖不能往上翘，口腔要有一定的开度，保持住发z、c、s时舌尖集中的力度才能将字音发得响亮、饱满。

（2）若训练时口腔打不开，舌尖与上齿背之间贴得过紧没有适当的距离则字音不响亮。可靠有单韵母ɑ的字音带动发音，加大字音开度。

以ɑ带-i[ʅ]：

大字　答词　拉丝　八字　帕斯　马刺　那次　渣滓

孜孜不倦　紫气东来　自给自足　自怨自艾　此起彼伏　慈眉善目

紫丝线织紫狮子

试将四十七支极细极细的紫丝线，

试织四十七只极细极细的紫狮子。

让细紫丝线试织细紫狮子，

细紫丝线却织成了死紫狮子。

紫狮子织不成，扯断了细紫丝线。

训练提示：

（1）绕口令中的-i[ʅ]音较多，容易越说舌尖与上齿背距离越小、口腔越没有开度。因此，可先将其中的字词拆开训练，保证字音的开度才能有响亮度。

（2）整体训练时，不要纠结于其中的每个字发音，将重点放在表达意思上。同时，可先做口部操训练舌尖和舌面部位，使其灵活而有弹动力再开始练习。

-i[ʅ]——舌尖后、高、不圆唇元音

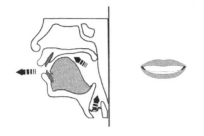

发音要领：

口微开，展唇，舌前端抬起和硬腭前部保持适当距离，声带颤动发音。这个韵母只和zh、ch、sh、r有拼合关系，如"之、迟、事"的韵母发音。

只　吃　事　诗　之　迟

提升训练：

（1）此音不用分解开来单独练习，应与zh、ch、sh、r进行拼合训练。在声母发音位置准确、集中的前提下，保持声母发音除阻完成之后的自然状态，并延长该状态即可。但注意，发-i[ʅ]音时舌尖不能往上翘，口腔要有一定的开度，保持住发zh、ch、sh、r时舌尖集中的力度才能将字音发得响亮、饱满。

（2）发-i[ʅ]音难度在舌尖，若力度不集中，字音会发散而不够响亮。

只　吃　诗　之　迟　事　日　指

支持　纸质　知识　实事　指示　试吃　制止　日志

以ɑ带-i[ʅ]：

杂志　大志　把持　踏实　擦拭　那时　霎时　傻事

世外桃源　史无前例　势不可挡　日月如梭　日新月异　持之以恒

看报纸

时事学习看报纸，

报纸登的是时事，

常看报纸要多思，

心里装着天下事。

3.卷舌元音

er[ə]——卷舌、央、中、不圆唇元音

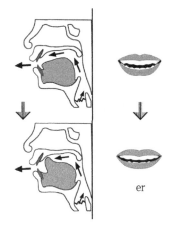

er

儿 而 二 尔

提升训练：

（1）训练伸舌尖时，舌尖柔韧地微微上翘，再体会舌体自然放松，舌尖稍用力卷向硬腭的感觉。

（2）发音时，上腭打开，下巴放松；双唇自然展开，不用拢圆帮忙发音，力度应来自舌尖。

儿 耳 二 而

儿童 少儿 儿戏 儿歌 耳朵 耳目 耳垂 二胡

说"尔"

　　要说"尔"专说"尔"，马尔代夫，喀布尔，阿尔巴尼亚，扎伊尔，卡塔尔，尼泊尔，贝尔格莱德，安道尔，萨尔瓦多，伯尔尼，利伯维尔，班珠尔，厄瓜多尔，塞舌尔，哈密尔顿，尼日尔，圣彼埃尔，巴斯特尔，塞内加尔的达喀尔，阿尔及利亚的阿尔及尔。

二、复合元音韵母发音训练

（一）训练原则

　　（1）复合元音韵母不同于单元音韵母，发音时的舌位和口形都要发生变化，否则会造成音不准或字音不饱满、不响亮的问题。

　　（2）复合元音韵母发音并不是两个或三个元音简单拼合相加，应注意发音时滑动的感觉。由一个元音滑动到另一个元音，发前一个元音时就有往后一个元音过渡的趋势，因此其中没有一个元音是独立呈现出来的。

　　（3）复合元音韵母发音要达到饱满、响亮、圆润的效果并不是其中每一个韵母发音时值都一样，而是应保证其中主要元音的开度、响度和时值，这个元音即是该韵母的"韵腹"。根据韵腹所处的位置不同，我们把复元音韵母分为三类：前响、后响和中响。前响包括 ɑi、ei、ɑo、ou，前一个元音开度响度更大，时值更长，发声是由强到弱；后响包括 iɑ、ie、uɑ、uo、üe，后一个开度响度更大，时值更长，发声是由弱到强；中响包括 iɑo、iou、uɑi、uei，中间的元音开度响度更大，时值更长，发声是由弱到强再到弱。

（二）发音训练

1. 前响二合复韵母

（1）前响二合元音韵母

ɑi[ɑi]——前响二合元音韵母

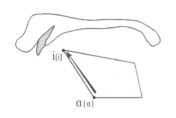

发音要领：

发音时，ɑ 处在比单韵母 ɑ[A]偏前位置，口腔开度略小。i 表示舌头移动的方向，实际不到 i 的位置。

白　拍　买　呆　台　菜　塞　载　拆　该

（2）ei [ei]——前响二合元音韵母

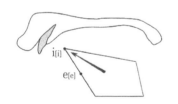

发音要领：

发音时，ei 里的 e 是前半高不圆唇元音 e[e]，实际发音比单元音偏后偏低。ei 里的 i 比单元音 i 略低，舌高点略偏后。

北　陪　美　飞　贼　内　馁　累　这　谁　给　黑

ɑi、ei提升训练：

（1）先做口腔开度和舌前部灵活度的训练。反复训练上口盖（尤其是硬腭）开合与舌头（舌前部）运动的配合，达到默契的程度。注意整个过程下巴放松，不参与配合发音。

（2）舌位动程训练：

ɑi音舌位动程较宽，但主要集中在舌前部。若拉不开动程，可用开口度大的字音来带动发音，如大海，受da的影响 ɑi音更容易发得饱满、响亮；也可用开度小的字音进行比较，如厉害，感受到li的开度小，对拉大动程有一定启发。

ei的舌位动程较窄，为避免发成单韵母，e在靠近舌位中央[ə]起音，动程尽量拉大。其训练方法与 ai 音一致。

（3）口腔和唇形变化：ai 音口腔由开到微合，ei 音口形略有闭合。两个音都应注意两嘴角稍稍展开，但展开的程度都不到单韵母 i 的位置。

（4）从强度和时值角度来看 ai、ei 为前响复韵母，声音是由强到弱的效果。开始训练时，可适当延长 a、e 音保证其响度，再将舌位滑向 i。

ai

摆拍　白菜　爱戴　买卖　彩带　灾害　采摘　开赛

白驹过隙　百炼成钢　百花齐放　才子佳人　盖世无双　开天辟地

ei

北非　北美　蓓蕾　贝贝　肥美　配备　黑妹　美眉

卑躬屈膝　飞檐走壁　雷厉风行　雷霆万钧　眉开眼笑　美不胜收

训练提示：

两个以上的 ai 或 ei 音连在一起时舌位动程大且频繁，更需要舌头积极、灵活地运动，若是有字音拉不开应先放慢速度，由慢到快地训练。

ai—ei（宽窄对比训练）

败北　台北　败类　百味　带给　太美　百倍

训练提示：

若 ei 音开度不够可多做以开带闭的训练。

ei—ai（宽窄对比训练）

北海　背带　内在　悲哀　佩戴　黑白　擂台

训练提示：

若 ai 音开度过大可多做以闭带开的训练。

晒白菜（ai）

大柴和小柴，

帮助爷爷晒白菜。

大柴晒的是大白菜，

小柴晒的是小白菜。

大柴晒了四十四斤四两大白菜，

小柴晒了三十三斤三两小白菜。

晒了白菜吃白菜，

吃的白菜是大柴小柴一块儿晒。

训练提示：

"晒白菜"中，bai、cai相对比shai更容易发好。shai受翘舌声母的影响，字音容易发散。训练前可先弹舌，加强舌尖力度和集中度。

冬天雪花是宝贝（ei）

北风吹，雪花飞，

冬天雪花是宝贝。

去给麦苗盖上被，

明年麦子多几倍。

ao[ɑu]——前响二合元音韵母

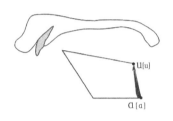

发音要领：

　　ao中的a受后高元音o影响，比单元音a[A]偏后，是后a[ɑ]。舌位由[ɑ]滑动向接近后高圆唇元音[u]但不到[u]的位置。

包　淘　靠　猫　刀　老　闹　早
少　朝　招　高　跑　好　操　骚

ou[ou]——前响二合元音韵母

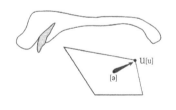

发音要领：

　　o音比发单元音o的舌位略高偏前，接近央元音[ə]。舌位由[ə]滑向接近u的位置，唇形逐渐收缩成圆形。

缶　豆　投　楼　邹　凑　搜
狗　口　后　欧　偶　周　愁

ao、ou提升训练：

（1）做半打哈欠训练打开口腔；再练习打响舌根，使舌面到舌根部分较为灵活。

（2）舌位动程训练：

ao的舌位动程较宽，主要是舌后部的运动。舌位由a滑动到u时，体会舌根与软腭间的距离逐渐缩小。尽管舌位动程是由前往后的方向，但声束应沿上腭中线从后往前送，才能使字音集中、响亮。

ou的舌位动程为复韵母中最短，且主要是舌后部的运动。为避免发成单韵母，e在靠近舌位中央[ə]起音，动程尽量拉大。其训练方法与ao音一致。

（3）口腔和唇形变化：两个音口腔由开渐闭，唇形应随之逐渐拢圆，但拢圆的程度都不到单韵母u的位置。

（4）从强度和时值角度来看，ao、ou为前响复韵母，声音是由强到弱的效果。

ao

报到 跑道 冒号 骚扰 号召 高考 犒劳 早报

包罗万象 报仇雪恨 暴殄天物 草菅人命 刀光剑影 高风亮节

ou

抖擞 豆蔻 兜售 口头 欧洲 筹谋 守候 叩头

厚德载物 后来居上 后生可畏 苟且偷生 周而复始 走马观花

训练提示：

两个以上的ao音连在一起时舌位动程大且频繁，更需要舌头积极、灵活地运动，若是有字音拉不开应先放慢速度，由慢到快地训练。

ao—ou（宽窄对比训练）

保守 挠头 操守 高手 稿酬 熬粥 翘首 报仇

训练提示：若ou音开度不够可多做以开带闭的训练。

ou—ao（宽窄对比训练）

逗号 周到 酬劳 奏效 手套 投靠 头脑 求教

训练提示：

若ao音开度过大可多做以闭带开的训练。

老老道和小老道

高高山上有座庙，

庙里住着两老道，

一个年纪老，

一个年纪少。

庙前长着许多草。

有时候老老道熬药，

小老道除草，

有时候老老道除草，

小老道熬药。

训练提示：

绕口令中有五个 ao 连在一起的句子，考验了上口盖张合能力和舌体运动的灵活度。应注意在表达意思的前提下保证字音的准确和响亮。

镐告篙（ao）

篙长镐短，镐告篙，

告篙篙长欺镐短，

拷打长篙，篙号啕。

长篙不服篙告镐，

篙长、镐短，能由篙？

训练提示：

绕口令中与 ao 拼合的都是舌根阻声母，发音时 ao 的动程不容易拉开。若是不开，可先用其他声母与 ao 拼合训练之后再换舌根阻拼合训练。

遛狗（ou）

老周老侯老朋友，

两个朋友都养狗。

晚上遛弯儿又遛狗，

狗见狗就凑，

狗凑狗就斗，

狗斗狗就吼，

狗吼狗急狗咬狗。

训练提示：

绕口令中与 ou 拼合的有舌根阻声母，发音时 ou 的动程不容易拉开。若是不开，可先用其他声母与 ao 拼合训练之后再换舌根阻拼合训练。

豆和油

东邻有囤豆，

西邻有篓油，

我家有只鸡，

又有一条狗。

鸡啄了豆囤，

豆囤汛了豆，

狗啃了油篓，

油篓漏了油。

鸡不啄豆囤，

豆囤不漏豆，

狗不啃油篓，

油篓不漏油。

2. 后响二合元音韵母

ia[iA]——后响二合元音韵母

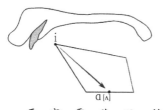

发音要领：

发音时，ɑ 由于受高元音 i 的影响，终止位置往往比央 ɑ 的舌位偏前。

牙　家　霞　雅　亚　掐　夏

ie[iɛ]——后响二合元音韵母

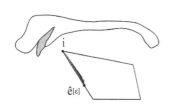

发音要领：

ie 里的 e 是前半低不圆唇复韵母。发音时，舌位半低，比 ei 中的 e 略低一点，不圆唇。

夜　别　瞥　乜　碟　贴　捏　咧　结　切

ia、ie 提升训练：

（1）训练之前，先做口腔开度训练和舌前部灵活度的训练（尝试伸舌、捣舌训练）。

（2）舌位动程训练：

ia 的舌位动程较宽，可加强舌前部到舌面灵活度训练，舌位由前往后，从高到低，滑动过程中保持中纵线的力度，否则字音容易发散。

ie 的舌位动程较窄，可加强舌尖力度集中训练，由 i 到 e 舌位只有高低变化，几乎没有前后变化，应始终保持气和力聚集在舌尖上，否则字音不准。

（3）口腔和唇形变化：口腔由闭到开，口形逐渐张开。

（4）从强度和时值角度来看，ia、ie中的 a 、e更为响亮，时值更长。声音是由弱到强的效果。

ia

加压　加价　假牙　下嫁　恰恰　家家

家喻户晓　加官晋爵　恰如其分　瑕不掩瑜　狭路相逢　鸦雀无声

ie

业界　乜斜　结业　趔趄　铁鞋　谢谢　贴切

别开生面　别出心裁　别具匠心　揭竿而起　捷足先登　戒备森严

ia—ie（宽窄对比训练）

佳节　家业　夏夜　假借　嫁接　押解　恰切

训练提示：

若ie音开度不够可多做以开带闭的训练。

ie—ia（宽窄对比训练）

结痂　接驾　接洽　跌价　铁架　液压　腋下

训练提示：

若ia音开度过大可多做以闭带开的训练。

分不清是鸭还是霞（ia）

天空飘着一片霞，

水上游来一群鸭。

霞是五彩霞，

鸭是麻花鸭。

麻花鸭游进五彩霞，

五彩霞网住麻花鸭。

乐坏了鸭，拍碎了霞，

分不清是鸭还是霞。

考试答辩在今夜（ie）

聂小洁到西斜街，

刚上台阶鞋口儿裂。

左一撇，右一撇，

蹑手蹑脚去借鞋。

培训班要结业，

考试答辩在今夜。

借了鞋，过了街，

赶到考场把题解。

解、解、解，

写、写、写，

考试通过就结业。

训练提示：

由于ie音动程较窄，多个ie音连在一起时动程不易拉开。可先慢速训练保证舌位动程，再由慢到快。

uɑ [uA]——后响二合元音韵母

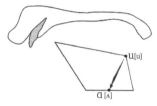

发音要领：

发音时，ɑ的口形比单发时稍圆，口腔稍开。由于u的影响，终止位置比央ɑ稍偏后。u的发音短暂，ɑ的发音较为响亮。

娃 抓 耍 瓜 花 夸

3.uo [uo]——后响二合元音韵母

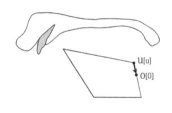

发音要领：

发音时，uo中的o比单发时口腔稍闭，唇形稍圆。uo里的u比单发时的唇形略大，但发得轻短，o发得响而长。

我 夺 拖 挪 落 昨 搓
说 国 阔 火 卓 绰 索

4.üe [yε]——后响二合元音韵母

发音要领：

üe里e与ie中的e属同一元音。ü较轻短，e较响亮。

月 虐 略 撅 却 雪

uɑ、uo、üe提升训练：

（1）训练前，可做夸张咀嚼训练打开口腔；再训练伸舌、捣舌，使舌体各部位较为灵活。

（2）舌位动程训练：

uɑ的舌位动程较宽，可加强口腔后部开度及舌根灵活度训练，舌位由后往前，从高到低，滑动过程中保持中纵线的集中度。

uo的舌位动程较窄，可加强口腔后部及舌根灵活度的训练。由u到o舌位只有高低变化，几乎没有前后变化。

üe发音时舌位动程变化与ie音基本相同，不同之处在于起音时的唇形，ü为圆唇，i为展唇。

（3）口腔和唇形变化：uɑ音口腔逐渐张开，唇形由圆逐渐展开；uo发音时口腔稍打开，唇形由圆到略圆。

（4）从强度和时值角度来看，ɑ、o、ê更为响亮，时值更长。因此，声音是由弱到强的效果。

uɑ

娃娃　挂画　耍滑　画画　呱呱　花袜

花红柳绿　花好月圆　花容月貌　画龙点睛　瓜田李下　哗众取宠

uo

国货　火锅　过火　阔绰　懦弱　骆驼　蹉跎　硕果

咄咄逼人　多才多艺　国色天香　过目不忘　活灵活现　火眼金睛

üe

月缺　雪月　雀跃　决绝　约略

绝口不提　决胜千里　缺一不可　雪中送炭　学贯中西　血气方刚

uɑ—uo（宽窄对比训练）

花朵　跨过　瓜果　跨国　话说

训练提示：

若uo音开度不够可多做以开带闭的训练。

uo—uɑ（宽窄对比训练）

国画　多寡　火花　国花　说话

训练提示：

若uɑ音开度过大可多做以闭带开的训练。

ie—üe（唇形圆展训练）

解决　喋血　灭绝　铁血　孑孓　节约　协约

üe—ie（唇形圆展训练）

月夜　越野　越界　决裂　学界　略写　确切

训练提示：

唇形变化不够自然的可多进行唇形圆展字音对比训练。

墙头儿有个瓜

墙头儿上有个老南瓜，

掉下来砸着胖娃娃。

娃娃叫妈妈，

妈妈抱娃娃，

娃娃骂南瓜。

训练提示：

ua、uo、üe多个相同字音连在一起时，双唇若过松或过紧都较难做好唇形变化。建议多训练绕唇，使双唇柔韧，再由慢到快，循序渐进。

小华和胖娃（ua）

小华和胖娃，

两人种花又种瓜，

小华会种花不会种瓜，

胖娃会种瓜不会种花。

颠倒歌（uo）

太阳从西往东落，

听我唱个颠倒歌。

天上打雷没有响，

地下石头滚上坡；

江里骆驼会下蛋，

山里鲤鱼塔成窝；

腊月苦热直流汗，

六月爆冷打哆嗦；

姐在房中头梳手，

门外口袋把驴驮。

小薛小雪，雪中上学（üe）

新学期开学，

小薛、小雪上小学。

小薛、小雪出门遇下雪，

先小雪后大雪，

横瞧雪，斜瞧雪，

雪花儿、雪片儿、雪压雪。

小薛笑小雪。

一步一滑一叫"姐！"

小雪学小薛，

小心迈小步，勿惊雪中雀。

5. 中响三合元音韵母

iao[iɑu]——三合元音韵母

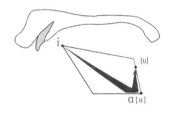

发音要领：

发音时，由起点元音前高元音i开始，向下向后，滑向后ɑ[ɑ]，再由低升高到后半高元音o。终止元音实际位置是要比o偏高接近后高元音u的[u]。唇形由ɑ开始逐渐由不圆唇变为圆唇。此音在复韵母中动程最大。

标 飘 妙 调 挑 鸟 料 交 巧 笑

iou[iou]——中响三合元音韵母

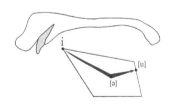

发音要领：

舌位由前高元音i开始，降至比央元音[ə]稍偏后的位置，再向后向上滑动，终止于比后高元音u稍低的[U]。

优 久 求 绣 丢 牛 流 六 柳 旧

iao、iou提升训练：

（1）做夸张咀嚼打开口腔；训练顶舌、弹舌、捣舌，使整个舌体灵活、集中。

（2）舌位动程训练：

iao的舌位动程大，舌位前后位移较大，舌高点沿舌尖、舌面、舌根滑动，注意整个过程舌部力量聚集在中纵线上，口腔各部位随舌位有张力地开合。同时，避免ɑ音受高元音i、u的影响口腔开度不够舌位降不下来，影响字音的开度和响度。

iou的舌位动程较大，训练方法与iao音相同。但由于舌位动程曲线与iao相似，iao的动程更大，应注意区分。

（3）口腔和唇形变化训练：口腔都是由闭到开再到闭；训练拢唇、绕唇使双唇力度柔韧。两个音唇形变化较大，由展到逐渐拢圆。

（4）从强度和时值角度来看，iao、iou中间的ɑ、o最响亮，时值最长。因此，声音是由弱到强再到弱的效果。

iao

娇小　缥缈　巧妙　调教　叫嚣　料峭　吊销　脚镣

标新立异　调兵遣将　狡兔三窟　骄阳似火　了如指掌　料事如神

iou

优秀　悠久　久留　绣球　求救　旧友

九霄云外　久负盛名　救死扶伤　流连忘返　柳暗花明　秋高气爽

iao—iou（宽窄对比训练）

郊游　交流　校友　要求　料酒　漂流　貂油　调酒

训练提示：

若iou音开度不够可多做以开带闭的训练。

iou—iao（宽窄对比训练）

有效　酒窖　幼苗　丢掉　柳条　牛角　油条　邮票

训练提示：

若iao音开度过大可多做以闭带开的训练。

慢表（iao）

表慢，慢表。

慢表慢半秒。

慢半秒，拨半秒，

拨过半秒快半秒，

快半秒，拨半秒。

拨回半秒慢半秒。

拨来拨去是慢表，

慢表表慢慢半秒。

刘六和牛六（iou）

小河悠悠向东流，

一边流，一边扭，

七曲八折到柳州。

刘六牛拴牛家柳，

牛家柳拴刘家牛。

刘家牛伤牛家柳，

牛家柳撞刘家牛。

刘六、牛六俩朋友，

别为两家牛和柳，

伤了和气伤朋友。

uɑi [uɑi]——中响三合元音韵母

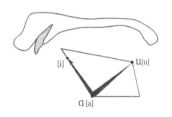

发音要领：

发音时，由后高元音u开始舌位向前向下滑动到前ɑ[a]再滑向前高元音i的方向，终止于比前高元音i偏低的[i]。

外　拽　揣　帅　摔　乖　快　怀　槐　歪

uei [uei]——中响三合元音韵母

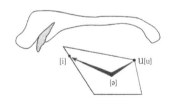

发音要领：

发音时，由后高元音u开始，舌位向前向下滑至比央元音[ə]偏前的位置，再向前高元音i的位置滑升。唇形由拢圆到展开。

位　堆　水　推　追　炊　归　葵　慧　伟

uɑi、uei提升训练：

（1）做夸张咀嚼训练打开口腔，训练顶舌、刮舌、打响舌根，使整个舌体都较为灵活集中。

（2）舌位动程训练：

uɑi的舌位动程大，舌位前后位移较大，舌高点沿舌根、舌面、舌尖滑动，注意整个过程舌部力量聚集在中纵线，口腔各部位随舌位有张力地开合。注意避免ɑ

音受高元音u、i的影响，口腔开度不够舌位降不下来。

uei的舌位动程也较大，其训练方法与uɑi相同。但由于舌位动程曲线与uɑi相似，uɑi的动程更大，应注意区分。

（3）口腔和唇形变化训练：口腔由闭到稍开到闭；咧唇、噘唇，训练双唇口轮匝肌，使其柔韧。两个音唇形变化较大，由圆到开再到展。

（4）从强度和时值角度来看，uɑi、uei为中响复韵母，中间的元音ɑ、e最响亮，时值最长。因此，声音是由弱到强再到弱的效果。

uɑi

外快　乖乖　怀揣　摔坏

外强中干　脍炙人口　快马加鞭　快人快语　怀才不遇

uei

归队　会徽　追悔　追随　围嘴　溃退

对酒当歌　对答如流　挥金如土　绘声绘色　回心转意　推陈出新

uɑi—uei（宽窄对比训练）

怪味　衰退　外围　怪罪　快退　歪嘴

训练提示：

若uei音开度不够可多做以开带闭的训练。

uei—uɑi（宽窄对比训练）

鬼怪　毁坏　对外

训练提示：

若uɑi音开度过大可多做以闭带开的训练。

槐树歪歪

槐树歪歪，坐个乖乖，

乖乖甩手，摔了老酒。

酒瓶摔坏，奶奶不怪，

怀抱乖乖，出外买买。

脑袋领着开个会

全身零件不太对，脑袋领着开个会。

嘴说腿：飞毛腿，不动脑子，懒动嘴。

腿说胃：自己觉得挺尊贵，不管全身累不累，

吃得不能多，喝酒不能醉。

营养不足还影响了肺。

胃一听，落了泪：

全怪嘴，吹牛放炮不上税，

东家吃一嘴，西家吃一嘴，

嘴吃东西只捡贵，喝酒追求醉。

搓起麻将，一天一宿都不睡。

结果自己成了溃疡胃。

三、鼻韵母发音训练

（一）训练原则

（1）鼻韵母发音首先应注意鼻韵尾归音的位置。前鼻音韵尾n的归音位置是声母d、t、n、l的成阻部位，从元音过渡到前鼻音韵尾时应注意体会气和力推动舌尖稍前伸的趋势；后鼻音韵尾ng的归音位置是声母g、k、h的成阻部位，从元音过渡到后鼻音韵尾时应注意体会气和力推动舌根抬起到软硬腭交界处的趋势。

（2）鼻韵母发音其舌位动程相对较大，要注意整个发音过程，处理好鼻韵尾与前面的元音之间的关系：不能丢掉鼻尾音，注意归音，否则字音不完整；还应注意鼻尾音前的元音，其发音通过挺软腭前半部分声音从口腔出，不可鼻化，后半部分软腭下降元音逐渐鼻化。

（3）鼻音n、ng在音节中作为韵尾，归音时只需要点到即止、弱收到位，而不能拖长发音。

（二）发音训练

1. 前鼻韵母

an[an]——前鼻韵母

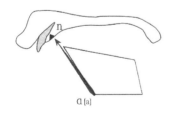

发音要领：

发音时，起点元音为前a[a]，舌面逐渐升高，舌面前部贴向硬腭前部。当两者接触时，软腭下降，鼻腔通路打开。紧接着舌面前部与硬腭前部闭合，口腔中受阻气流由鼻腔透出。口腔开度由开到闭，舌位动程较大。

安 班 丹 弹 攀 漫 饭 赞 蚕 散

en [ən]——前鼻韵母

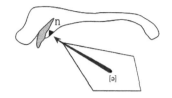

> 发音要领：
>
> 发音时，起点元音是央元音[ə]，舌面升高，舌面前部贴向硬腭前部。两者将要接触时，软腭下降，鼻腔通路打开，紧接着舌面前部与硬腭前部闭合，口腔中受阻气流由鼻腔透出。口腔开度由开到闭，舌位动程较小。

奔　盆　分　嫩　真　神　怎　森　根　肯　狠

an、en提升训练：

（1）口腔状态训练：an、en口腔开度较大，都是由开到闭的过程。其发音位置都在舌中前部，可先做半打哈欠帮助提颧肌、打牙关增加口腔中前部的开度。

（2）鼻韵尾前的元音a、e训练前，仔细体会惊讶状态下挺软腭和松散状态下降软腭的不同感受。训练时，先挺软腭声从口腔出，再降软腭声从鼻腔出。另外，a音虽比单韵母a靠前，但并不是偏扁的，应注意舌部力量集中，纵向地打开口腔使字音立起来。en的发音还应注意其舌位动程相对较窄，训练时，e音可稍延长发得更饱满、响亮。

（3）鼻韵尾的发音应做伸舌、顶舌训练。在元音向鼻辅音过渡时，舌尖能柔韧地前伸和抬起，贴向硬腭前部，堵住口腔通道。

an

班禅　攀谈　犯难　弹丸　散漫　惨淡　参赞　勘探

班门弄斧　风餐露宿　单刀直入　返老还童　感天动地　甘拜下风

en

根本　本分　粉嫩　沉稳　门诊　身份　人参　振奋

恩重如山　分秒必争　奋不顾身　门庭若市　闻鸡起舞　闻风丧胆

an—en（宽窄对比训练）

版本　安分　山珍　汉人　残忍　翻身　诞辰　山神

训练提示：

若en音开度不够可多做以开带闭的训练。

en—an（宽窄对比训练）

分担　笨蛋　门板　衬衫　分散　侦探　伸展　审判

训练提示：

若an音开度过大可多做以闭带开的训练。

张家湾到李家湾（an）

从前有个张家湾，湾前是个大河滩，

从前有个李家湾，湾后座座是高山。

张家湾到李家湾

攀高高的山，绕弯弯的滩。

打通山，填平滩，

张家湾，李家湾，

不爬山，不绕滩，

一条大道平坦坦，

来来往往不困难。

小盆问大盆（en）

小盆问大盆，你沉还是我沉？

大盆说小盆，我沉你不沉。

小盆很气愤，跳下砸大盆。

大盆碎粉粉，小盆落个纹。

训练提示：

an、en音在单音节发音时可严格按要求做到舌尖前伸贴向硬腭前部，但在语流中也如此要求会使字音显生硬，因此，语流中虽不能做到每一个都完整归音，但一定是有力地推动舌尖前伸向硬腭前部贴近的趋势。

in [in]——前鼻韵母

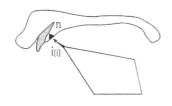

发音要领：

发音时，起点元音是前高不圆唇元音i，舌面升高，舌面前部贴向硬腭前部。当两者要接触时，软腭下降，鼻腔通路打开。紧接着，舌面前部与硬腭前部闭合，口腔中受阻气流由鼻腔透出。口腔开度由稍开到闭，舌位动程很小。

因 滨 品 敏 您 邻 斤 勤 心

ün [yn]——前鼻韵母

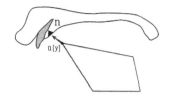

发音要领：

起点元音是前高圆唇元音 ü。与 in 的发音过程相似，只是唇形变化不同。ün 从前高元音 ü 开始，唇形稍展开。而 in 唇形始终是展唇。展唇应在接续鼻尾音 n 时开始，而不能由 ü 开始展唇到 i 再接续鼻尾音。

云 韵 君 裙 训 旬

in、ün 提升训练：

（1）口腔状态训练：in、ün 口腔开度较小，整体由稍开到闭。其发音位置都在舌尖，可先做半打哈欠、惊讶的表情帮助提颧肌增加口腔前部的开度。

（2）in、ün 的元音训练方法与 an 中的 a 音相同，仍要注意从口腔通道到鼻腔通道的发音过程。且 in、ün 的舌位动程很窄，舌位前后不变、高低不变，力度始终聚集在舌尖。训练中，可靠宽音带窄音的方式来尽量拉开由 i、ü 到 n 之间的舌位动程。

（3）in、ün 发音的区别在于唇形。ün 音的唇形是由圆到展。

（4）训练鼻韵尾的发音可做伸舌、顶舌训练。在元音向鼻辅音过渡时，舌尖能柔韧地前伸和抬起，贴向硬腭前部，堵住口腔通道。

in

濒临　金银　信心　林荫　引进　民进　辛勤　饮品

临危不惧　鳞次栉比　亲如手足　秦晋之好　心驰神往　欣欣向荣

ün

军训　均匀　菌群　逡巡　芸芸

军令如山　群龙无首　循循善诱　寻根究底　运筹帷幄　云蒸霞蔚

in—ün（唇形圆展对比训练）

阴云　进军　嶙峋　禁运　新军　音韵

ün—in（唇形圆展对比训练）

军心　军民　寻衅　云锦　寻亲

写信（in）

新新写信给林林，

请他转告彬彬和琴琴，

祝贺新婚，永结同心。

彬彬琴琴找林林，

一块儿回信给新新。

祝新新新年新进步，

加把劲，添信心，

天道一定会酬勤

军民心连心（ün）

军爱民，民拥军，

军民心连心，

军民并肩向前进，

军民鱼水情谊深。

训练提示：

前鼻韵母发在语流中虽不能做到每一个都完整归音，但一定都有气和力推动舌尖前伸向硬腭前部贴近的趋势。

ian[iεn]——前鼻韵母

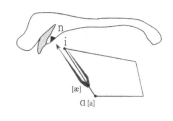

发音要领：

起点元音为前高元音i，舌位降低向前ɑ[a]方向滑动，但没有完全降到[a]就开始升高，直到舌面前部贴向硬腭前部形成鼻音n。

烟 颜 边 偏 面 莲 电 恬

üan[yan]——前鼻韵母

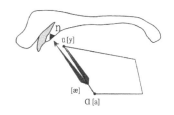

发音要领：

起点元音为前高圆唇元音ü，舌位向前ɑ[a]方向滑动，过程中唇形由圆渐展，舌位在没有完全降到[a]时就开始升高，直到舌面前部贴向硬腭前部形成鼻音n。

圆 娟 选 远 愿 全

ian、üan提升训练：

（1）口腔状态训练：ian、üan口腔开度较大，都是由闭到开再到闭的过程。其发音位置都在舌尖部位，可先做半打哈欠、惊讶的表情帮助提颧肌增加口腔前部的开度。

（2）ian、üan训练方法大致与an音一致。区别在于a实际发音的差别。ian、üan中的a实际发音并不到前a，舌位下到前半低处便折返回硬腭前端。其舌位前后没变，只有高低的变化，力度始终聚集在舌尖。训练中，可靠宽音带窄音的方式来尽量拉开由i、ü到n之间的舌位动程。

（3）üan、ian发音的区别在于口形。üan音唇形变化较大，双唇由圆到开再到展。可配合噘唇、咧唇训练。

（4）鼻韵尾的发音应做伸舌、顶舌训练。在元音向鼻辅音过渡时，舌尖能柔韧地前伸和抬起，贴向硬腭前部，堵住口腔通道。

ian

颜面　绵延　翩翩　边沿　电线　见面　检验　天堑

鞭长莫及　电闪雷鸣　颠沛流离　艰苦卓绝　健步如飞　千真万确

üan

源泉　圆圈　涓涓　全员　圈选　全选　轩辕　源远

卷土重来　全民皆兵　全神贯注　悬崖勒马　喧宾夺主　源远流长

ian—üan（唇形圆展对比训练）

甜圈　编选　练拳　垫圈　缱绻　演员　眼圈　前缘

üan—ian（唇形圆展对比训练）

眷恋　捐献　悬念　卷帘　权限　怨言　原件　卷烟

ian—in（宽窄对比训练）

前进　现金　点心　天津　偏心

艰辛　坚信　联姻　怜悯　闲心

üan—ün（宽窄对比训练）

眩晕　援军　元勋　全运　卷云

ün—üan（宽窄对比训练）

军权　晕圈　军拳

屋檐前面荡秋千（ian）

棉花线拴秋千，

屋檐前面荡得欢，

秋千挨着旧电线，

电线连着老屋檐。

秋千扯断旧电线，

电线扯掉老屋檐，

屋檐砸坏木秋千。

谁眼圆（üan）

山前有个阎圆眼，

山后有个阎眼圆，

二人山前来比眼，

不知是阎圆眼的眼圆，

还是阎眼圆的眼圆。

训练提示：

ian、üan在语流中也不用做到每一个都完整归音，但一定都有气和力推动舌尖前伸向硬腭前部贴近的趋势。

uan [uan]——前鼻韵母

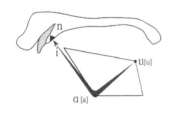

发音要领：

起点元音为后高元音u，舌位向前向下滑至前α [a]，过程中，口腔开度由合渐开，唇形由圆渐展，舌位到前α [a]后紧接着升高，接续鼻音n。

完　端　团　万　酸　钻　汆　专　川　涮　观　欢

uen [uən]——前鼻韵母

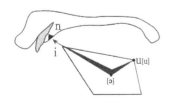

发音要领：

起点元音为后高圆唇元音u，舌位向央元音[ə]滑动，其间唇形由圆渐展，随后舌位升高接续鼻尾音n。实际发音，等于在en前面加上一段由后高元音u开始的动程。

问　屯　遵　稳　顿　笋　谆　纯　舜　棍　坤

uan、uen提升训练：

（1）口腔状态训练：先做半打哈欠、啃苹果的动作，uan、uen口腔开度大，都是由闭到开再到闭的过程。其发音位置包括舌根、舌面、舌尖，可先做半打哈欠、惊讶的表情和啃苹果的动作帮助增加口腔整体的开度。

（2）uan音训练方法与an音一致，也要注意从口腔通道到鼻腔通道的发音过程。同时，uan音舌位动程较大，需要舌的力度沿中纵线经舌根—舌面—舌尖向前推送，配合打响舌根训练增强舌根柔韧的力度。uan与an的区别在于增加了u音，需注意唇形由圆到展的变化。

（3）uen音训练方法与uan一致，但uen的舌位动程相对较窄，应尽量拉开由e到n之间的舌位动程。

（4）鼻韵尾的发音应做伸舌、顶舌训练。在元音向鼻辅音过渡时，舌尖能柔韧地前伸和抬起，贴向硬腭前部，堵住口腔通道。

uan

转弯　婉转　传唤　专断　转换　乱窜　专款　软缎

断章取义　短兵相接　冠冕堂皇　患难与共　焕然一新　万马奔腾

uen

温存　混沌　昆仑　春困　论文　伦敦　春笋

瞬息万变　闻鸡起舞　温文尔雅　问心无愧　浑然一体　魂牵梦萦

uan—uen（宽窄对比训练）

传闻　完婚　还魂　砖混　万吨　乱伦　缓存

uen—uan（宽窄对比训练）

存款　紊乱　论断　春款　轮船　魂断　轮换

弯弯山，弯弯川（uan）

弯弯山，弯弯川，

转一圈又一圈，

圈圈全没出大山。

山里人不能眼光短，

喝断山，冲出川，

外面世界多灿烂。

初春时节访新村（uen）

初春时节访新村，

喜看新村处处春。

村前整地做秧床,

村后耕田除草壮。

出村来了耕山队,

林木茂盛果实壮。

农业政策威力大,

建设新村处处春。

2. 后鼻韵母

ang [ɑŋ]——后鼻韵母

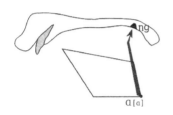

发音要领:

发音时,起点元音是后a[ɑ],舌根抬起,贴近软腭时,软腭下降,鼻腔通路打开。紧接着舌根与软腭接触,关闭口腔通路,气流从鼻腔透出。

盎 钢 慷 杭 张 长 上 脏 藏 嗓 方 帮

eng [əŋ]——后鼻韵母

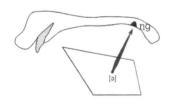

发音要领:

起点元音是后半高不圆唇元音e[ɤ],舌根抬起,贴向软腭,当两者将要接触时,软腭下降,鼻腔通路打开,紧接着舌根与软腭接触,关闭口腔通路,受阻气流从鼻腔透出。

迸 萌 棚 登 腾 曾 增 橙 升 挣 梗 衡

ing [iŋ]——后鼻韵母

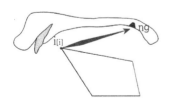

发音要领:

起点元音是前高不圆唇元音i[i],由i开始舌位不降低一直后移,同时舌尖离开下齿背,舌根稍微抬起,贴向软腭,当两者将要接触时,软腭下降,鼻腔通路打开,紧接着舌根与软腭接触,关闭口腔通路,受阻气流由鼻腔透出。注意舌位由i向ng移动过程中，高度不变，不能降低后再上升，不能加进[ə][ɤ]等一串音素。

影 冰 平 命 丁 听 凝 精 轻 星

ang、eng、ing提升训练：

（1）口腔状态训练：ang口腔开度大，是由开到闭的过程，可通过啃苹果的动作训练后口腔的开度；eng口腔开度较大，也是由开到闭的过程，注意打开口腔中、后部；ing的口腔开度较小，是由稍开到闭的过程，通过训练注意打开口腔前部。

（2）鼻韵尾前的元音发音过程前半部分气流从口腔出，而后半部分软腭逐渐下降，使元音过渡到鼻化状态，再下降至打开鼻腔通路，使气流从鼻腔透出，从而避免被完全鼻化或发音显生硬的问题。

eng的发音还应注意其口腔开度比ang小，而ing的开度最小。窄音可发得稍宽，用开度大的ang音带动发音训练，使字音更加饱满、响亮。同时，ing的发音还应注意舌位由前往后滑动经过舌面时，舌位不要下降至口腔打开，而增加一个央元音[ə]。否则，字音变成ieng而致音不准。

（3）鼻韵尾的发音应做打响舌根训练。在元音向鼻辅音过渡时，舌根能柔韧地抬起，贴向软硬腭交界处，堵住口腔通道。

ang

苍茫 帮忙 方丈 行当 长廊 肮脏 张榜

藏龙卧虎 当仁不让 荡气回肠 方兴未艾 纲举目张 康庄大道

eng

鹏程 升腾 萌生 增生 省城 逞能 风筝

蓬荜生辉 风和日丽 风华绝代 乘风破浪 成竹在胸 声情并茂

ing

听命 英明 宁静 聆听 精灵 姓名 平行 明镜

冰清玉洁 兵临城下 顶天立地 铤而走险 惊世骇俗 星罗棋布

ang—eng（宽窄对比训练）

长征 方程 掌声 章程 方凳 刚正 唐僧 往生

eng—ang（宽窄对比训练）

成长 正常 锋芒 声张 生长 风浪 登场 膨胀

an—ang（前后鼻韵对比训练）

安康　返航　染烫　肝脏　南昌　感伤　探访

ang—an（前后鼻韵对比训练）

浪漫　帮办　防范　方案　畅谈　钢板　档案

en—eng（前后鼻韵对比训练）

本能　真正　人生　分封　门缝　真诚　奔腾

eng—en（前后鼻韵对比训练）

诚恳　正门　成分　能人　城镇　胜任　生人

in—ing（前后鼻韵对比训练）

拼命　心情　近景　亲情　心灵　进行　民警

ing—in（前后鼻韵对比训练）

精进　挺进　听信　清新　静心　灵敏　警民

大和尚和小和尚

大和尚常常上哪厢？

大和尚常常过长江。

过长江为哪厢？

过长江看小和尚。

大和尚原住襄阳家姓张，

小和尚原住良乡本姓蒋，

大和尚和小和尚，

有事常商量。

大和尚说小和尚强，

小和尚说大和尚棒。

小和尚熬汤请大和尚尝，

大和尚赏小和尚好檀香。

真冷

真冷、真冷、真正冷，

猛地一阵风，更冷。

说冷也不冷，

人能战胜风，更能战胜冷。

天上七颗星

天上七颗星，

树上七只鹰，

梁上七个钉，

台上七盏灯。

拿扇扇了灯，

用手拔了钉，

举枪打了鹰，

乌云盖了星。

iang [iɑŋ]——后鼻韵母

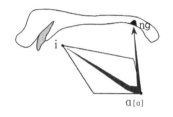

发音要领：

起点元音为前高元音 i，舌位向后向下滑向后 ɑ[ɑ]，紧接着舌位升高，接续鼻尾音 ng。实际发音，等于在 ang 前面加一段由前高元音 i 开始的*动程*。

扬 样 江 强 香 娘 亮

uang [uɑŋ]——后鼻韵母

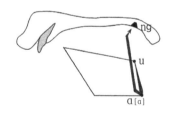

发音要领：

起点元音为后高圆唇元音 u，舌位下降到后 ɑ[ɑ]，其间唇形由圆渐展，紧接着舌位升高，接续鼻尾音 ng。实际发音，等于在 ang 前加一段由后高元音 u 开始的*动程*。

王 光 霜 忘 狂 黄 庄 窗

ueng[uəŋ]——后鼻韵母

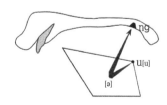

发音要领：

起点元音为后高圆唇元音 u，舌位向下滑动降到比后半高元音 e[ɤ]稍靠前、略低的位置，其间唇形由圆渐展，紧接着舌位升高，接续鼻尾音 ng。实际发音，等于在 eng 前面加一段由后高元音 u 开始的*动程*。

翁 嗡 瓮

iang、uang、ueng提升训练：

（1）口腔状态训练：iang、uang口腔开度较大，口腔都是由开到闭的过程。先做半打哈欠、啃苹果的动作充分打开口腔。

（2）鼻韵尾前的元音发音过程前半部分气流从口腔出，而后半部分软腭逐渐下降，使元音过渡到鼻化状态，再下降至打开鼻腔通路，使气流从鼻腔透出，从而避免被完全鼻化或发音显生硬的问题。

iang、uang的元音部分动程较大，iang音需增强舌前部力度，uang音需增强舌后部力度。iang、uang之间发音的区别还有唇形，iang起音为展唇，uang起音为圆唇。

（3）ueng音较为特殊，它自成音节，不与其他声母相拼。其发音训练方法与uang相同，但ueng的舌位动程相对较窄，应尽量拉开由e到ng之间的舌位动程。

（4）鼻韵尾的发音应做打响舌根训练。在元音向鼻辅音过渡时，舌根能柔韧地抬起，贴向软硬腭交界处，堵住口腔通道。

iang

踉跄　洋相　响亮　向阳　湘江　强将　想象　奖项

将功赎罪　匠心独运　强弩之末　相濡以沫　响彻云霄　相敬如宾

uang

状况　双簧　网状　狂妄　装潢　矿床　往往

光芒万丈　窗明几净　广开言路　旷世奇才　望穿秋水　望而却步

ueng

蓊郁　水瓮　渔翁　老翁

iang—uang（唇形对比训练）

向往　仰望　阳光　强壮　奖状　姜黄　凉爽

iang—ing（宽窄对比训练）

良性　象形　响应　详情　乡情　将领　阳平

ing—iang（宽窄对比训练）

领养　营养　清凉　影响　明亮　形象　清香

ian—iang（前后鼻韵对比训练）

坚强　变相　绵羊　现象　险象　联想　牵强

iang—ian（前后鼻韵对比训练）

乡间　想念　抢险　镶嵌　香烟　量变　乡恋

uan—uang（前后鼻韵对比训练）

观光　端庄　宽广　晚霜　管庄　团状　罐装

uang—uan（前后鼻韵对比训练）

慌乱　壮观　光环　皇冠　狂欢　狂澜　双关

uen—ueng（前后鼻韵对比训练）

文—翁

杨家养了一只羊（iang）

杨家养了一只羊，

蒋家修了一道墙。

杨家的羊撞倒蒋家的墙，

蒋家的墙压死了杨家的羊。

杨家要蒋家赔杨家的羊，

蒋家要杨家赔蒋家的墙。

帆布黄（uang）

长江里帆船帆布黄，

船舱里放着一张床，

床上躺着两位老大娘，

她俩亲亲热热拉家常。

ong[uŋ]——后鼻韵母

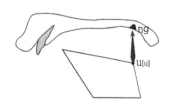

> 发音要领：
> 　　起点元音是比后高圆唇元音u舌位略低的[u]，舌尖离开下齿背，舌后缩，舌根稍隆起，贴向软腭，当两者将要接触时，软腭下降，鼻腔通路打开，紧接着舌根与软腭接触，关闭口腔通路，受阻气流从鼻腔透出。唇形始终拢圆，变化不明显。

童　总　丛　松　钟　崇　工　恐　红　龙　农

iong[yŋ]——后鼻韵母

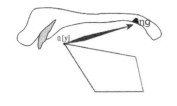

发音要领：

　　起点元音为前高元音i，但由于后面圆唇元音的影响，i也带上圆唇动作。实际发音中同以ü开头的韵母没有太大差别。舌位向后移动，略有下降，到比后高元音u略低的[u]的位置，紧接着舌位升高，接续鼻尾音ng。实际发音，等于在ong前面加一段由前高元音ü开始的动程。

ong、iong提升训练：

　　（1）口腔状态训练：先做半打哈欠、啃苹果的动作充分打开口腔。ong、iong口腔开度较小，但仍需要尽量开口腔。

　　（2）鼻韵尾前的元音发音过程前半部分气流从口腔出，而后半部分软腭逐渐下降，使元音过渡到鼻化状态，再下降至打开鼻腔通路，使气流从鼻腔透出，从而避免被完全鼻化或发音显生硬的问题。

　　（3）ong、iong的元音部分动程较小，它们的发音区别在舌位。ong音需增强舌根部位力度，iong音涉及舌尖和舌根部位的力度。

　　（4）鼻韵尾的发音应做打响舌根训练。在元音向鼻辅音过渡时，舌根能柔韧地抬起，贴向软硬腭交界处，堵住口腔通道。

ong

红肿　总统　从容　空洞　隆重　冲动　恐龙

动人心魄　从容不迫　功德圆满　拱手相让　孔武有力　容光焕发

iong

炯炯　穷凶　汹涌　熊熊

庸人自扰　勇往直前　雄才大略　胸有成竹　汹涌澎湃　琼楼玉宇

ün—iong（前后鼻韵对比训练）

运用　群雄　军用　云涌

iong—ün（前后鼻韵对比训练）

拥军

两个女孩儿都穿红（ong）

昨日散步过桥东，

看见两个女孩儿都穿红。

一个叫红粉，

一个叫粉红。

两个女孩儿都摔倒，

不知粉红扶红粉，

还是红粉扶粉红。

韵联（iong）

兄穷窘，

用庸佣。

窘穷兄，

庸佣用。

穷兄咏，庸佣雍。

|第三节　韵母发音问题矫正|

一、前后鼻韵发音问题矫正

前后鼻韵是不少方言区常见的发音问题，有的地区完全或部分没有后鼻韵或有的地区前后鼻韵混淆。其中，有的是前鼻韵发音不到位，有的是后鼻韵不会发。针对这一问题进行矫正，应首先熟悉并掌握发前鼻韵和后鼻韵的字音，再根据个人实际情况进行正音训练。

前面讲到，前鼻音韵尾n的归音位置是声母d、t、n、l的成阻部位，从元音过渡到前鼻音韵尾时应注意体会气和力推动舌尖稍前伸贴至硬腭前部；后鼻音韵尾ng的归音位置是声母g、k、h的成阻部位，从元音过渡到后鼻音韵尾时应注意体会气和力推动舌根抬起到软硬腭交界处的趋势。还应注意鼻尾音前的元音，其发音通过挺软腭前半部分声音从口腔出，不可鼻化，后半部分软腭下降，元音逐渐鼻化。

（一）若前鼻韵仍发不到位，可用两个小方法尝试

（1）用会发的带不会发的前鼻韵，主要针对前鼻韵尾归韵位置不准的情况。一般来说，大部分北方方言区发 an 的鼻韵尾时归韵位置是正确的。所以，可用 an

归韵的感觉来带in和ün，多比较归音位置的差异。

an—in

安心　半斤　盘锦　犯禁　赶紧　寒噤

an—ün

参军　搬运　拌匀　叛军　探寻　含蕴

（2）在方法（1）的训练之后，找准位置舌尖贴住硬腭前部，但仍觉得发音不自然，可能是正音时声收得过快未随舌尖向硬腭前部推送，只做出前伸贴硬腭前部的动作而已。因此，训练时，可发i、u的延长音，使舌尖力度集中努力向前上方抵住硬腭前端，完成归韵的动作。

i—in

莅临　吉林　寄信　激进　基因

in—i

林立　紧急　亲戚　银器　拼比

i—ün

离群　季军　义军　奇勋　集群

ün—i

军礼　军机　云集　运气　汛期

（二）若后鼻韵仍发不到位，可用两个小方法尝试

与前鼻韵训练同理，应先找准鼻韵尾归韵位置。若感觉不到位，可用同样是舌根与软硬腭交界处相碰发音的声母带g、k的字音带动发音。

ga—gang

嘎—港　胳—钢

ka—kang

咖—康　卡—抗

ge—geng

歌—更　葛—耿　割—耕

ke—keng

科—坑　克—铿

gu—gong

故—宫　古—共　姑—功

ku—kong

哭—空　酷—控　苦—恐

前后鼻韵对比训练：

an—ang

赞—藏　善—上　站—仗　班—帮　翻—芳

干—钢　刊—康　蓝—郎　弹—糖　瞒—忙

鱼竿—鱼缸　烂漫—浪漫　反问—访问

en—eng

奔—绷　盆—朋　门—萌　阵—正　陈—程

怎—增　森—僧　身—生　根—更　嫩—能

人参—人生　陈旧—成就　申明—声明

in—ing

音—英　引—影　彬—冰　拼—娉　民—明

林—铃　今—精　亲—清　心—星　您—凝

频繁—平凡　信服—幸福　辛勤—心情

二、齐撮不分问题矫正

有的方言i、ü不分，在学习普通话时造成系列音准问题。i、ü的区别在唇形，i是展唇，按四呼分类为齐齿呼；ü为圆唇元音，按四呼分类为撮口呼。

因此，针对这一问题，应按四呼分类熟悉并掌握属于齐齿呼和撮口呼的字音。

（1）进行齐齿呼和撮口呼发音比较训练时，其难点在撮唇。撮唇时应注意不能噘唇，唇齿相依，用两嘴角和双唇的内缘拢圆。

（2）再注意ü音的舌位与i音相同，双唇撮起的同时舌尖不要往后缩，否则字音不准。

i—ü

集聚　崎岖　唏嘘　利率　抑郁

积极—聚居　凄凄—区区　嬉戏—栩栩　意义—郁郁

ie—üe

夜—月　解—决　窃—缺　谢—学　列—略

解决　喋血　灭绝　铁血　子予　节约　协约

in—ün

进—军　勤—裙　心—熏　因—晕　今—菌

阴云　进军　嶙峋　禁运　新军　音韵

ian—üan

烟—渊　间—娟　钱—权　县—绚　见—卷

甜圈　编选　练拳　垫圈　缱绻　演员　眼圈　前缘

ing—iong

英—拥　井—窘　情—琼　行—熊

英雄　英勇　零用　停用

三、单韵母发音问题矫正

单韵母o、e不分的矫正。

东北一些地区方言中将o发成e，两者的区别在唇形。o是圆唇元音，e是不圆唇元音。圆唇元音唇部口轮匝肌和颊部肌肉共同配合，嘴不能懒。

o—e

伯—德　破—特　磨—河　波—哥　迫—课

博得　博客　破格　模特　波折　破车　破折　漠河

咏鹅

鹅鹅鹅，

曲项向天歌。

白毛浮绿水，

红掌拨清波。

四、复韵母发音问题矫正

复韵母有舌位动程，包括舌位高低、前后的变化。舌位动程的大小与字音的准确度密切相关，开度较大的为宽韵母，开度小的为窄韵母。若是宽窄韵母混淆，音准就会受影响。因此，训练复韵母时应进行韵母间宽窄的对比，更有利于字音的矫正。

复韵母中宽窄韵母共有六对：ai（宽）—ei（窄），ao（宽）—ou（窄），ia（宽）—ie（窄），ua（宽）—uo（窄），iao（宽）—iou（窄），uai（宽）—uei（窄）。

有的人发音时动程拉不开，可多靠宽音带动窄音的方式训练。有的人口腔开度过大，字音容易散，可靠窄音带动宽音训练的方式。

第四章　声　调

| 第一节　声调理论概述 |

一、声调的定义

每一个汉字的读音，都是由声母、韵母和声调三部分组成的。声调，是汉语音节所固有的，可以区别意义的声音的高低和升降。它贯穿一个音节的始终，主要作用在字腹上。汉语的一个音节就是一个汉字，所以声调又叫字调。

二、声调的作用

"山西"和"陕西"的读音差别在哪儿？"山"和"陕"的声母和韵母都一样，唯一不同是声调。在汉语里，声调和语义关系很大，一个音节或同样的两个音节，由于声调不同就完全可以表示两种甚至更多的意思。有了声调，音节就有了不同的含义。从这个例子不难看出，声调在汉语中有区别意义的作用。

汉字因为有了抑扬顿挫的声调变化，汉语的音韵美才得以体现，艺术语言的表现力才得以发挥。声调发音准确是普通话语音纯正的重要因素，它能体现艺术语言表演者的专业程度和能力。

三、声调的性质

声调和音长、音强都有关系。但是，声调的性质主要取决于音高。音高的变化是由发音时声带的松紧变化来调节的。发音时声带越紧，在单位时间内颤动的次数就越多，声音的频率就越高，声调就越高。发音时，声带越松，在单位时间内颤动的次数越少，声音的频率就越低，声调就越低。在发音过程中，声带可以先松后紧或先紧后松。这样按一定规律形成的种种不同的音高变化，就构成了各种不同的声调。

四、声调的特点

声调的音高是相对的,不要求音高频率的绝对值。由于人的嗓音高低各不相同,声调高低并不是要求人人都发得同样高。女人和小孩由于声带比成年男子短一些、窄一些、薄一些,所以他们的声调音高要比成年男子高一些;同一个人情绪紧张激动时,声带会控制得紧一些,所以这时他的声调音高要比平时情绪平静时高一些。

此外,声调的高低升降变化是滑动的,不像音乐中从一个音阶到另一个音阶那样跳跃式地移动。

五、普通话的调类和调值

调类,指的是对声调的分类。调类的名称只代表某种汉语方言声调的种类,而不表示实际调值。普通话声调可分为四类,分别是阴平、阳平、上声和去声,也就是平常所说的一声、二声、三声和四声。

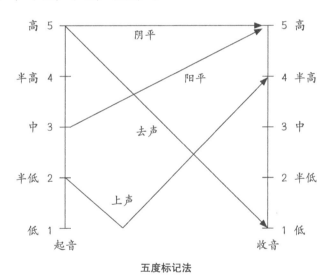

五度标记法

调值,也叫调形,是声调高低升降的变化,也就是声调的实际读法。调值通常采用五度标记法来表示。五度标记法是一种标记调值相对音高的方法。

画一条竖线,分作五度,表示音调的相对音高。最低点到最高点分为低、半低、中、半高、高,也可以用1、2、3、4、5来表示。根据音高变化的形式,制成五度标调符号,有时也用两位或三位数字表示。

第二节　声调发音训练

普通话声调发音的训练要注意的是，如果只注意到声母和韵母的发音，忽略了声调的音高和变化，不仅失去了声调发音训练的意义，还会使普通话的语音面貌更加不标准。所以在训练过程中，一定要注意调值的准确性和规范性，这才是训练的目的。

一、声调发音要则

声调的发音是声带松紧调节的结果，但音高的变化还应配合气息的控制和调节来共同完成，以保证声音质量不哑、不劈。

阴平，55调值。发音时声音基本上高而平，由5度到5度，没有明显升降变化，所以又叫高平调。如"播"，发音时，声带闭合力度不能松懈，保持住音高；气息平稳，需要的气流最强、最足，保持均匀持久；发音的时值比上声、阳平略短，比去声稍长。

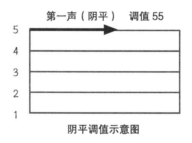

阴平调值示意图

阳平，35调值。发音时声音由中音升到高音，由3度到5度，所以又叫高升调。"人"发音时，声带闭合由松到紧，气息控制是由弱到强、由松到紧的顶气过程。注意不要靠嗓子挤出声，要靠小腹用力，不要拐弯；发音时值比阴平、去声长，比上声略短。

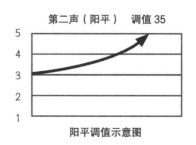

阳平调值示意图

上声，214调值。发音时由半低开始，先降到最低，然后再升到半高音，由2度降到1度再升到4度，所以又叫降升调。如"好"发音时，声带闭合由微紧到松弛再到紧，先松气再顶气，发音时值在四声中最长。

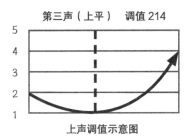

第三声（上平）　调值214

上声调值示意图

去声，51调值。发音时声音由高音降到最低，由5度到1度，所以又叫全降调。如"胜"发音时，声带闭合由紧到松，声音从最高往最低处走；气息从强到弱，要通畅，走到最低处，气息要托住，与声带配合好以避免声"劈"；发音时值在四声中最短。

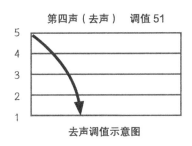

第四声（去声）　调值51

去声调值示意图

阴平、阳平、上声和去声四种调类的发音方法和气息运用方式可用以下这个口诀帮助理解记忆：

起音高平莫低昂，气势平均不紧张。

从中起音向上扬，用气弱起逐渐强。

上声先降转上挑，降时气稳扬时强。

高起直降向低唱，强起到弱气通畅。

这个口诀每行的前半句说的是发音时候的调值以及用声的方式，后半句说的是气息的运用方法。但注意将声音和气息训练结合起来综合地体会，不要将两者分解开来训练。

训练时还应做到：

高音要有度，高而不喊；

低音要有力，低而不散；

音量大时，气足而不拙；

音量小时，气竭而不衰。

二、单音节训练

（一）单元音训练

将 ɑ、o、e、i、u、ü 夸张地延长发。

训练提示：

训练时注意夸张到位，气息和声音充分配合，每个单元音还要注意口腔的开度。在气声配合到位的基础上，加进不同的语境进行训练，如微笑、大笑等。

（二）同声韵四声音节

1. 双唇阻

掰 白 摆 败　坡 婆 叵 魄　麦 埋 买 卖

2. 唇齿阻

翻 凡 反 饭

3. 舌尖前阻

作 昨 左 做　猜 才 彩 菜　虽 随 髓 穗

4. 舌尖中阻

低 敌 底 第　涛 逃 讨 套　妞 牛 扭 拗

捞 劳 老 烙

5. 舌尖后阻

知 直 只 至　称 成 逞 称　烧 勺 少 哨

6. 舌面阻

佳 夹 假 架　敲 瞧 巧 翘　鲜 咸 显 现

7. 舌根阻

姑 骨 古 故　棵 壳 可 课　嗨 孩 海 害

训练提示：

注意声、韵、调三方面的配合；声母发音清晰、有力，韵母响亮、饱满、有开度，声调、气、力配合。

三、双音节声调训练

双音节和四音节声调训练都应注意变调和轻重格式对实际调值的影响。汉语中70%以上的音节都是中重格式，若同样的调子完全一样的处理方式会给人机械之感。应在体会四声的对比变化中把握声调发音的准确与变化。

（一）阴阴

播音 深山 翻车 灯光 公安 咖啡 工伤 江山 单一 亲生

征婚 星空 先天 精心 拥军 疏通 编播 西安 芭蕉 丰收

训练提示：

两个阴平相连时，可以把第一个字音读成44，第二个读成55，符合听觉习惯和轻重格式的要求。例如，西安（44、55）。末尾的阴平字只能是55调。

（二）阴阳

星球 签名 中国 加强 飞翔 编排 轻浮 编辑 发言 金鱼

森林 偏旁 坚决 三秦 周年 宣传 资源 飞翔 鲜明 经营

训练提示：

阴平和阳平相连时，阳平的起音一定要等声带闭合由紧到放松，气息由强减到弱之后再起，否则阳平容易受阴平的影响而发得过高，甚至会造成有的女生发音习惯性挤嗓的问题。

（三）阴上

编审 资产 争取 酸雨 班长 歌舞 根本 铅笔 公款 签署

根本 攀比 艰险 焦点 嘉许 歌曲 发展 生产 猜想 阴雨

训练提示：

注意上声在后面声调要发全。

（四）阴去

播送 规范 通讯 帮助 庄重 中外 观众 欢笑 音乐 牵挂

天籁 相称 尊敬 尖锐 先烈 经济 希望 发动 军队 倾注

训练提示：

发到去声时要像叹气一样松下去，但不能完全松懈下来，气息仍有一定支撑力。

（五）阳阴

留心 长江 成功 轮班 存根 围巾 南方 国歌 阳春 节约

营私 节约 荣膺 平安 难堪 革新 农村 群居 财经 原封

（六）阳阳

辽宁 全权 合格 行情 直达 儿童 模型 吉祥 临时 红旗

联营 达成 驰名 全员 灵活 存栏 余额 学习 球迷 滑翔

训练提示：

两个阳平连读时，前一个音由于受后一个音的影响，调值可以低一点念成34，后一个音读35。这样衔接更顺畅，发音更自然。例如，红旗（34、35）。

（七）阳上

勤俭 明显 游泳 情感 求索 难免 绝响 谜底 民主 描写

黄海 门槛 全体 成长 邻里 读者 遥远 难免 迷惘 平坦

（八）阳去

援助 局势 悬念 然后 盘踞 严重 排练 文件 勤奋 权利

豪迈 前进 宁夏 核算 除外 犹豫 评论 辽阔 轮训 革命

训练提示：

阳平和去声相连时，特别是中重格式的双音节词，阳平调值以5结束，去声以5开头。但在实际发音中要注意去声起音时的5度应略高于阳平结束时的5度。

（九）上阴

领先 走私 纺织 演播 美工 柳荫 讲师 领班 影星 打击

浦东 美工 北京 广播 减轻 请安 展开 掌声 统一 导播

训练提示：

注意上声在非上声前要变调，实际调值为211，读作半上。

（十）上阳

启程 走读 警察 解决 指南 软席 旅途 敏捷 统筹 主持

讲求 北国 改革 朗读 补习 谴责 反常 厂房 取得 宝石

（十一）上上

免洗 鼓掌 总理 审理 享有 选举 抚养 友好 巧取 索取

隐忍 广场 主导 允许 改写 导演 感想 永远 北海 水乳

训练提示：

两个上声相连时，前一个上声读成24调，读作阳上，与阳平类似。

（十二）上去

选派 屡次 股票 法律 买进 党性 写作 广泛 简讯 改造

举例 许愿 土地 舞剧 理论 组建 想象 企盼 广大 短信

（十三）去阴

望京 战车 冠军 办公 卫星 认真 对播 试销 贯通 笑声

配音 匠心 象征 电灯 贵宾 竞争 特征 印刷 录音 曝光

训练提示：

去声和阴平相连，阴平的起音（5度）不要受去声结束时的低音调值（1度）的影响发得过低。应调整状态气息变强、声带闭合由松变紧，再起音。为突出效果，可在实际发音时阴平起音略高于去声起音的高度。

（十四）去阳

串联 电台 地球 未来 向阳 照明 配合 措辞 向阳 暂时

漫谈 政权 变革 杜绝 素食 内容 特别 自然 练习 动员

（十五）去上

办法 电影 治理 重点 剧本 历史 大胆 特写 外语 秀美

上海 戏曲 下雨 电影 政府 问好 记者 信仰 运转 撰稿

（十六）去去

对话 电视 配乐 祝愿 岁月 政策 报告 复制 议论 示范

画像 降落 借鉴 大厦 破例 路线 叙事 庆贺 建造 致意

训练提示：

两个去声相连，特别是前一个去声是中重格式的双音节词时，前一个读53，后一个仍读51。

四、四字词声调训练

四字词可以用来练习声调，并且可以加上气息的控制练习以及情感表达的练习。首先，练习过程中要注意的是，通过对四声拉开立起的夸大练习，体会气息的支撑，下走音用气息托住，高音不挤，低音不散。其次，体会声音弹性的变化，可以对声音进行大小、强弱、刚柔的调节。最后，根据词语的意义，体会在不同的语境中怎样以不同的情感进行表意，达到情、声、气的完美结合。

（一）按照"阴—阳—上—去"练习四字词

山明水秀 风调雨顺 身强体壮 精神百倍 山盟海誓 金田起义

天然宝藏 诸如此类 非常好记 发扬友爱 心明眼亮 中流砥柱

丝绸彩缎 飞檐走壁 三皇五帝 工农子弟 千锤百炼 猪羊满圈

中国伟大 阴阳上去

训练提示：

这一训练能帮助练习者体会气声配合。去声由于处在最后，需要尽量发饱满，有利于训练去声的准确度，去声顺势一气呵成。

（二）按照"去—上—阳—阴"练习四字词

调虎离山　聚首谈心　厚古薄今　废品回收　盛产鱼虾　寿比南山

万里长征　异曲同工　痛改前非　破斧成舟　戏曲研究　聚少成多

大雨瓢泼　热火朝天　细雨和风　信以为真　大有文章　跃马扬鞭

废品回收　治理河山

训练提示：

这一训练能帮助练习者体会气声配合。阴平由于处在最后，需要尽量发得饱满，有利于训练阴平到位，不跌不落。

（三）按声母顺序排列

b

百炼成钢　波澜壮阔　暴风骤雨　壁垒森严

p

排山倒海　喷薄欲出　鹏程万里　普天同庆

m

满园春色　名不虚传　满腔热情　目不转睛

f

发愤图强　翻江倒海　丰功伟绩　赴汤蹈火

d

大快人心　当机立断　颠扑不破　斗志昂扬

t

谈笑风生　滔滔不绝　天衣无缝　推陈出新

n

鸟语花香　逆水行舟　能者多劳　宁死不屈

l

老当益壮　雷厉风行　力挽狂澜　龙飞凤舞

g

盖世无双　高瞻远瞩　攻无不克　光彩夺目

k

开卷有益　慷慨激昂　克敌制胜　快马加鞭

h

豪言壮语　和风细雨　横扫千军　呼风唤雨

j

艰苦奋斗　锦绣河山　继往开来　举世无双

q

千军万马　气壮山河　晴天霹雳　群威群胆

x

喜笑颜开　响彻云霄　心潮澎湃　栩栩如生

zh

辗转反侧　朝气蓬勃　咫尺天涯　专心致志

ch

超群绝伦　称心如意　赤子之心　出奇制胜

sh

山水相连　舍生忘死　深情厚谊　生龙活虎

r

饶有风趣　人才辈出　日新月异　如火如荼

z

赞不绝口　责无旁贷　再接再厉　自知之明

c

沧海一粟　层出不穷　灿烂光明　从容就义

s

三思而行　所向披靡　四海为家　肃然起敬

五、声调绕口令训练

墨与馍

老伯伯卖墨，老婆婆卖馍，

老婆婆卖馍买墨，老伯伯卖墨买馍。

墨换馍老伯伯有馍，馍换墨老婆婆有墨。

虱子与狮子

四只箱子，藏着四粒虱子，

四粒虱子，吓退四只狮子。

老罗的梨和老李的栗

老罗拉了一车梨，老李拉了一车栗。

老罗人称大力罗，老李人称李大力。

老罗拉梨做梨酒，老李拉栗去换梨。

训练提示：

绕口令的训练可将声调调值适当夸张，保证发到位；同时也要注意结合故事情节、人物形象。

| 第三节　声调问题矫正 |

一、阴平

（一）调值不够

阴平的发音非常重要，如果阴平发得不准，将会影响到其他调值的准确性。如东北话中，阴平的调值就普遍偏低，如"播音"的调值就只有44、33。"起音高平莫低昂"说明阴平的起调必须够高，"气势平均不紧张"要求的是气息相对稳定、持久。

（二）调型不平

有的人发音时调值是由低到高，声带的闭合是由松到紧，气息是由弱到强。如果阴平发音声带闭合的紧张度和气息的强弱在发音时始终不变，训练时找阴平在其他调值之后的词语或成语进行训练，便于通过比较找到发音到位的感觉。

题菊花

黄巢

飒飒西风满院栽，蕊寒香冷蝶难来。

他年我若为青帝，报与桃花一处开。

白云飞

白云飞，白云飘，飘上黄山九重霄，山越高来景越美，最高峰上谁在笑。啊！黄山的云啊，你那样洁白，那样崇高！

白云飞，白云飘，飘上悬崖松树梢，崖越陡来松越俏，最陡的崖上谁在笑。啊，黄山的云啊，你那样美丽，那样骄傲！

二、阳平

（一）中间拐弯

阳平发音时很容易出现中间拐弯的现象，把35调值发成了325。阳平发好的关键是调值升高时要直接，不要拐弯，直接达到最高的位置，也就是"从中起音向上扬"；气息直接由松到紧，不要出现紧—松—紧这样曲折的变化。

（二）阳平声调上不去

应从声带的闭合和气息两个方面去找原因和方法，如声带的闭合是否做到由松到紧，气息是否做到由弱到强。

黄鹤楼送孟浩然之广陵

李白

故人西辞黄鹤楼，烟花三月下扬州。

孤帆远影碧空尽，唯见长江天际流。

捞出一个丰收年

桃花流水三月天，满河渔歌声声甜，

迎风撒下金丝网，捞出一个丰收年。

三、上声

只降不升，升不到位，降不下来或生拉硬扯

上声可以说是四个声调中最难的一个，大致会出现以下几种情况：发音时只有21，没有后面上升到4的部分；发音时呈现212、213的调值，但是达不到半高4的高度；低音1下不来；发音时虽有214调值的趋势，但感觉生拉硬扯，听觉上不愉悦。这几种情况都是在练习上声发音时候可能遇到的问题，也是我们应该避免的现象。

所以"上声先降转上挑"说的就是声音应该先降，再扬上去。声带从略微有些紧张开始，立刻松弛下来，稍稍延长，然后迅速绷紧，但没有绷到最紧。"降时气稳扬时强"要求气息先要平稳下降，然后再稳住上走，并逐渐加强。

春晓

孟浩然

春眠不觉晓，处处闻啼鸟。

夜来风雨声，花落知多少。

丰收

金蝉操琴蝴蝶舞，青蛙蝈蝈敲锣鼓。

农村八月多欢乐，满场满院堆五谷。

四、去声

起调不够或降不到位

去声的发音中往往会出现起调不够高的现象，也就是51调值中5的位置偏低，或者51调值结束时降得不到位，达不到1的位置。"高起直降向低唱，强起到弱气通畅"也很好地说明了去声发音的关键，起调要高，迅速下降，要干脆，不能拖沓；气息要由紧到松，由强到弱。若一成不变，下行气息托不住声音会产生"劈"的现象。

如梦令·元旦

毛泽东

宁化、清流、归化，路隘林深苔滑。今日向何方，直指武夷山下。山下山下，风展红旗如画。

校园早晨

沿着校园熟悉的小路，清晨来到树下读书。初升的太阳照在脸上，也照着身旁这棵小树。亲爱的伙伴，亲爱的小树，和我共享阳光雨露，请我们记住这美好时光，直到长成参天大树。

第五章　语流音变

人们在说话时，不是孤立地发出一个个音节，而是把音节组成一连串自然的"语流"。因发音器官的制约和发音方便的需要，音位与音位接续时会发生一定的变化，这就是语流音变。普通话中最典型的语流音变是轻声、儿化、变调和语气词"啊"的变化。

第一节　轻声

一、概述

（一）轻声的基本概念

普通话的每个音节都有它的声调，可在句子里有些音节常常会失去原有的声调而念成较轻、较短的调子，这叫作轻声，也叫轻音。轻声不是四声之外的第五种声调，而是四声的一种特殊音变，在物理上表现为音长变短，音强变弱。

（二）轻声产生的原因

（1）汉语双音节词的大量产生，是为了将不同含义的同音词区分开来。

（2）轻声的出现在一定程度上会减轻发音器官使用过度而造成的疲劳。

（3）在口语的表达环境下，为适应语言生动、鲜活的需要，也是语音节律的要求。

（三）轻声的作用

汉语拼音里面只存在阴平、阳平、上声和去声四个声调。轻声没有固定的调值，一般要根据前一个字的声调来确定。轻声总是出现在语流中，其真正作用在于它的口语色彩及语言韵律上的需要。语流中音节轻重交错，起伏有致，使语言节奏鲜明、婉转悠扬，增强了语言的韵律美和表现力。

轻声音节有以下的作用：

（1）区分意义。例如，老子（人名）——老子（父亲）。

（2）区分词性。例如，生气（动词）——生气（名词，活力，生命力）。

（3）区分是一个词还是两个词。例如，做买卖的人要讲究买卖公平。第一个"买卖"是一个词，而第二个"买卖"是指买和卖两个活动，是两个词。

（四）轻声的规律

一个音节在下面这些情况中读轻声：

（1）语气词"吧、嘛、呢、啊、着呢、罢了、了、吗、哪、呀、哇"等。

走吧　别生气了嘛　你呢　是啊　不愿意说罢了　开门哪

（2）结构助词"的、地、得"和时态助词"着、了、过、来着"。

甜甜的　轻轻地　看你急得　盼望着　吃过了　去北京来着

（3）名词的后缀"子、头、巴"，表示群体的"们"，以"么"结尾的代词等。

骗子　案子　盼头　零头　下巴　朋友们　什么　多么

注意：有些词语的"子、头"不能读轻声，如电子、窝窝头。

（4）重叠名词、动词的后一个音节，双音节形容词重叠，第一音节重叠部分轻读。

弟弟　舅舅　姑姑　哥哥　姥姥　婆婆　妈妈　妹妹　奶奶　叔叔

（5）用在名词、代词后面表示方位的语素或词"上、下、里"读轻声。

教室里　楼梯上　桌子上面　床底下

（6）用在动词、形容词后面表示趋向的词"来、去、起来、下去"等。

你走来　他离去　说下去　走回去　看起来

（7）量词，"个、次"常读轻声。

那个　这个　那次　那盘

（8）代词"我、你、他"放在动词后面做宾语，常读轻声。

找你　请他　叫我

（9）口语色彩较浓的四音节词等，第二个音节（无实在意义）读轻声。

马里马虎　黑不溜秋　叽里咕噜　黑咕隆咚

（10）一大批常用的双音节词，第二个音节习惯上要读轻声。

缘分　自在　口袋　吩咐　奴才　阔气　包袱　吆喝　鼓捣

二、轻声发音训练

（一）轻声运用原则

如前所述，轻声的运用在有声语言的表达中有其积极的作用，但不能因此随时随地，不分语境和语体地使用。若是在口语环境下，我们可以较随意地使用轻声，但在较为庄重、严肃的环境下应尽量少使用为好。有一部分字音属于必读轻声，否则影响句意。这类轻声词必须保留。如"大意"作非轻声词，意思是大概的意思；若作轻声词，意思是马虎。

（二）轻声音高训练

轻声中起主要作用的是音长和音强。从语音角度看，首先，轻声是整个音节弱化的一种特殊音变现象，其突出特点是音长较短促；其次，轻声具有不同于原调的特殊音高形式，音强较弱，音色较含混。轻声是弱化音节，在播音时既不要拖长，也不能过于短促造成吃字，注意音长的变化。

轻声音节的调值取决于前面重读音节的调值，上声、去声后面的轻声调值都是前字调值的一部分，而阴平、阳平的调值则比前字尾音略降，同样都读作轻声，但实际音高却各不相同，具体而言：

（1）词语的第一个字阴平，第二个字为轻声，轻声念半低调（2）度。

妈妈　哥哥　桌子　包涵　东西　唠叨

（2）词语的第一个字阳平，第二个字为轻声，轻声念半中调（3）度。

棉花　葡萄　头发　脾气　粮食　糊涂

（3）词语的第一个字上声，第二个字为轻声，轻声念半高调（4）度。

斧头　你们　老子　恍惚　口袋　买卖

（4）词语的第一个字去声，第二个字为轻声，轻声念低调（1）度。

豆腐　相声　大意　任务　力量　那么

（三）轻声词组综合练习

妈妈　爸爸　叔叔　伯伯　包袱　眉毛

哥哥　铃铛　舌头　跟头　苗头　馒头

打听　出来　苍蝇　行当　宝贝　起来

案子　爸爸　白净　鼻子　亲戚　抽屉

称呼　打听　大方　缎子　队伍　儿子

耳朵　风筝　福气　个子　骨头　故事

训练提示：

练习轻声发音训练时还应注意训练唇舌的控制力，做到既能用力也会放松。非轻声音节要求字音清晰、饱满、响亮，唇舌力度较强且集中，字音在口腔中形成共鸣声挂前腭；而轻声音节应读得又轻又短，音色较含混，唇舌力度较弱。但轻声并不代表可以吃字，发音时不要把声母、韵母都吃掉了。

（四）绕口令练习

大嫂子和大小子

一个大嫂子，一个大小子，

坐在一起包饺子。

不知是大嫂子包的饺子不如大小子，

还是大小子包的饺子不如大嫂子。

训练提示：

这则绕口令中带"子"的轻声词较多，发 z 音时舌尖的力度应尽量放松，注意发轻声的时候口腔开度不要过大，尤其不要发成[zA]。

喇嘛和哑巴

打南边来了个喇嘛，

手里提拉着五斤鳎犸。

打北边来了个哑巴，

腰里别着个喇叭。

南边提拉着鳎犸的喇嘛要拿鳎犸换北边别喇叭哑巴的喇叭。

哑巴不愿意拿喇叭换喇嘛的鳎犸，

喇嘛非要换别喇叭哑巴的喇叭。

喇嘛抡起鳎犸抽了别喇叭哑巴一鳎犸，

哑巴摘下喇叭打了提拉着鳎犸的喇嘛一喇叭。

也不知是提拉着鳎犸的喇嘛抽了别喇叭哑巴一鳎犸，

还是别喇叭哑巴打了提拉着鳎犸的喇嘛一喇叭。

喇嘛炖鳎犸，哑巴嘀嘀哒哒吹喇叭。

训练提示：

这个绕口令轻声音节的韵母大部分都是 ɑ [A]，口腔开度要小于非轻声时的效果。绕口令的画面感非常强，训练时，要将两人之间的具体情节说到位。

（五）段子练习

燕子去了，有再来的时候；杨柳枯了，有再青的时候；桃花谢了，有再开的时候。但是，聪明的，你告诉我，我们的日子为什么一去不复返呢？——是有人偷了它们罢：那是谁？又藏在何处呢？是它们自己逃走了罢：现在又到了哪里呢？（节选自朱自清《匆匆》）

训练提示：

较短的一段话涵盖了大量的轻声词，若刚开始训练不会轻声的，可以稍放慢一些，慢慢达到熟练的境界。训练这段话时，还可运用情景再现的方法将自然物的荣枯现象、时序的变迁、时光流逝的痕迹给表达出来。一般来说，此时发出的轻声也会比较自然。

| 第二节　儿化 |

一、概述

（一）儿化的基本概念

儿化是汉语普通话和某些汉语方言中一种特殊的语音现象，就是词语后缀，"儿"不自成音节，而和前面的音节合在一起，使前一音节的韵母成为卷舌韵母，这种音变现象即是儿化。儿化的韵母就叫"儿化韵"。

（二）儿化的作用

儿化音是口语音，常伴随有亲昵、随便的语气。在普通话中，儿化具有修辞和表示语法功能的积极作用。主要包括以下几种：

（1）表示喜爱、亲切的情感，如：脸蛋儿、花儿、小孩儿。

（2）表示少或小的意思，如：米粒儿、门缝儿。

（3）区分词性，如："一点"作名词，指时间；"一点儿"作量词，是"少量、少许"的意思。

（4）区分词义，如：头（头部）——头儿（领导）。

二、儿化发音训练

（一）儿化运用原则

在具有区别词义和辨别词性作用的语境中，该儿化处理的地方一定要儿化，否则就会产生歧义。但在广播语言中，尤其是政治类、科学类、学术类的节目中，对语言的严谨程度要求较高，要尽量少用儿化，在书面语言或比较正式的语言环境中也不宜多用儿化。

（二）儿化发音训练

儿化音的汉语拼音注音比较简单，只需在儿化的音节后加r即可。但在实际发音时，随儿化音节中韵母的不同，发音变化也有所不同。

儿化是否使韵母产生音变，取决于韵母的最末一个音素发音动作是否与卷舌动作发生冲突，也就是前一个动作是否妨碍了后一个动作的发生，若两者发生冲突，妨碍了卷舌动作，儿化时韵母发音就必须有所改变。

训练原则：

（1）在实际的儿化韵认读中，儿化音与其前面的音节是融合在一起发音的，不宜分解开来读，不可把后面的"儿"字单独、清晰地读出。

（2）儿化音发音舌头一定要卷回来。卷舌时不要先有舌体后缩的动作，而是直接卷起舌尖部分。因此，要注意舌头的训练，特别是舌尖的力度以及灵活度，可以用伸舌、饶舌、顶舌来进行练习。

韵母的最末一个音素	韵尾变化	音变	例子
a、o、ê、e、u	直接带上卷舌音 | −r |	a−ar o−or e−er u−ur	号码儿 粉末儿 风车儿 里屋儿
ai、ei、an、en （包括uei、uen、ian、 uai、uan、üan）	失落韵尾，在主要元音上加卷舌动作 | −r |	ai−ar ei−er an−ar en−er	窗台儿 宝贝儿 心肝儿 评分儿
ng	失落韵尾，将前面的元音鼻化，加卷舌动作 | −r |	ang−ar eng−er ueng−or iong−ior	帮忙儿 门缝儿 嗡嗡儿 小熊儿
i、ü	韵母不变，加卷舌动作 | −r |	i−ier ü−üer	针鼻儿 小鱼儿
ê、−i[ɿ]、−i[ʅ]	变为央e，加卷舌动作 | −r |	ie−ier ü−üer	树叶儿 正月儿
in、ün	失落n，in、ün等主要元音，加卷舌动作	in−ier ün−üer	手心儿 合群儿

（三）儿化韵发音训练应注意的相关问题

在实际训练中，儿化韵的发音受韵母四呼不同类型的影响也会有细微的差异。

（1）跟 a 有关的儿化韵应注意口腔的开度。

如老板（ban）—老板儿（bar），儿化后要跟老本（běn）—老本儿（běr）区别开来。既要注意卷舌的动作，又要注意口腔开度要够大，上腭要充分打开。

老板儿　小孩儿　名单儿　帽檐儿　小不点儿　小钱儿　针尖儿

（2）跟 u、o、ü 有关的儿化韵应注意唇形拢圆。

如饭馆（guan）—饭馆儿（guar），儿化时卷舌的动作要到位，同时注意唇形要拢圆。

眼珠儿　一块儿　干活儿　墨水儿　花纹儿　木棍儿　蛋黄儿

小曲儿　合群儿　金鱼儿　围嘴儿　红裙儿　小熊儿　烟卷儿

（3）跟 i 有关的儿化韵应注意舌位的前后。

如针鼻（bi）—针鼻儿（bier），儿化时 i 音仍是前元音，不要受卷舌动作的影响舌位靠后发。

针鼻儿　小米儿　脚印儿　半截儿　火星儿　电影儿

三、综合训练阶段

（一）词组练习

唱本—唱本儿　熬头—熬头儿　背心—背心儿

唱本儿　挨个儿　便条儿　熬头儿　背心儿　窗花儿　刀把儿

地摊儿　耳根儿　大牌儿　风车儿　个头儿　有趣儿　花边儿

火苗儿　亏本儿　绝招儿　老头儿　落音儿　门槛儿　模样儿

训练提示：

儿化词组的训练要注意舌位、唇型的变化，如"老头儿"，发"tour"时，双唇拢圆，舌根隆起，舌尖要离开下齿背，做卷舌动作。在音准的基础上应尽量使用暖声的表达方法。例如，训练"唱本儿"时，内心可想象唱本儿的样子、里面的曲调，再积极地说出唱本儿。这样发出的字音会较自然。

（二）绕口令练习

有个小孩儿叫小兰儿

有个小孩儿叫小兰儿，

摔了个跟头捡了个钱，

又打醋，又买盐儿，

还买了一个小饭碗儿。

小饭碗儿，真好玩儿，

没有边儿没有沿儿，

中间儿有个小红点儿。

训练提示：

这则绕口令中的儿化韵在卷舌到位的同时主要应注意口腔开度的变化。尤其是盐儿、沿儿、点儿，口腔开度比不儿化时要大。

练字音儿

进了门儿，

倒杯水儿，

喝了两口运运气儿。

顺手拿起小唱本儿，

唱一曲儿，又一曲儿，

练完了嗓子练嘴皮儿，

绕口令儿，练字音儿，

还有单弦儿牌子曲儿，

越说越唱越带劲儿。

训练提示：

这则绕口令中涉及韵母i、ü的较多，跟i相关时注意舌位在前；跟ü相关时，既要注意舌位靠前，还应注意卷舌的同时唇形拢圆发音，如"曲儿"。

奶奶想说

圆桌儿、方桌儿没有腿儿，墨水儿里没有水儿，花瓶里有花儿没有叶儿，练习本儿上写字儿没有准儿，甘蔗好吃净是节儿，西瓜挺大没有味儿，坛儿里的小米儿长了虫儿，鸡毛掸子成了棍儿，水缸沿儿上系围群儿，耗子打更猫打盹儿，新买的小褂儿没钉扣儿，奶奶想说没有劲儿。

训练提示：

这则绕口令涉及儿化韵规律中几乎所有的韵母，因此，难度较大。可先练完之前几则绕口令之后再练。同时注意训练时不要一味求快。速度先放慢，卷舌动作到位后再一步步练到自然、流畅的速度。

第三节 变调

一、概述

（一）变调的基本概念

变调是指在语流中，由于语言环境的不同，相邻音节的相互影响，使某个音节本来的声调发生变化的现象。

普通话中的变调主要包括上声的变调、去声的变调、"一"的变调、"不"的变调。"一、七、八、不"四字单用时仍读本声，在播音中，"一、不"按规律变，"七、八"则少变或不变，只有在影响语气自然情况下才会发生变化。

（二）变调的规律

1. 上声变调规律及发音训练

上声在四个声调前都会产生变调，读原调的概率很小，只有在读单音节字或处在词语末尾或句末时才有可能读原调。

（1）上声音节单念或在句尾时不变，仍读本调。

（2）上声音节在阴平、阳平、去声和轻声音节前，调值由214变为21，或是211（所谓"半上"），即非上声前读前半上。

上阴：百般　火车　警钟

上阳：祖国　旅行　导游

上去：讨论　土地　感谢

上轻：斧子　马虎　伙计

（3）上声音节与上声音节相连，前面一个音节的调值由214变为接近35（即所谓阳上），即上上相连读后半上。例如：

懒散　手指　母语　小组　旅馆　广场　首长　海岛

（4）当词语结构是"双单格"时，前两个音节变阳平。例如：

展览馆　管理组　手写体

当词语结构是"单双格"时，开头音节处在被强调的逻辑重音，读半上211，中间音节变阳平35。例如：

党小组　小两口　小拇指

2. 去声变调规律

（1）去声音节在非去声音节前一律不变。

（2）在去声音节前则由全降变为半降，调值由51变为53。例如：

速递　电话　大厦　记录　贵重　救护　内陆　赞颂

3."一"的变调规律及发音训练

（1）不变调。"一"单念、作序数词、词尾时，读音不变，仍读原调55。例如：

一年级　一是一二是二　一不怕苦二不怕死　专一

（2）在去声音节前变阳平调——35。例如：

一个　一定　一律

（3）在非去声音节前变去声——51。例如：

一边　一群　一起

（4）在重叠词中间读轻声。例如：

试一试　听一听　想一想

（5）数字里的"一"的读法：在"百、千、万、亿、兆"前，"一"字要变调，如"一百、一千、一万、一亿、一兆"。但是注意，在长数字中，只有位于开头的"一"才变调，位于中间和末尾的"一"并不变调，如"一万一千一百一拾一"，只有"万"前面的"一"需变读为阳平，其余的"一"并不变调。

4."不"的变调规律及发音训练

（1）"不"字单念或在句尾，以及阴平、阳平、上声前读音不变，仍读原调，即去声调。例如：

我不　不说　不能　不听　不行

（2）"不"只有在去声音节前变阳平调——35。例如：

不必　不要

二、变调的发音训练

两个音节连读，其中有个音节的调值变得和原来的调值不同，注意观察前一个音节的调值。变调的训练切忌为变调而变调，练得过于机械。变调是为了表达更加自然，因此，每个词组的训练都应该结合一定的语境。同时，变调的训练离不开气息的配合，将状态调整到最佳时再开口。

（一）词组训练

一心一意　一问一答　一尘不染

一上一下　一成不变　一起一落

不三不四　不言不语　不可一世

不伦不类　不即不离　不干不净

训练提示：

为达到变调更为自然的目的，训练时一定要结合想象的语境进行表意。例如"一心一意"，要知道其所表达的含义：没有别的考虑，只想着一件事，心无杂念。看清楚"一、七、八、不"所处的位置，弄明白字音的变调，此时发出的字音会较自然而准确。

（二）段子训练

一字诗

一帆一桨一渔舟，

一个渔翁一钓钩。

一俯一仰一场笑，

一江明月一江秋。

训练提示：

这首诗用了十个"一"字，注意每个"一"字声调的变化，这十个"一"错落有致，含义不俗，有"独""一""满""全"的意思。每个"一"都有鲜明的形象，写人状物，绘声绘色，很有诗情画意。我们要弄清楚这首诗的意思：在烟波浩渺的碧波之上，远远只看见一渔舟荡桨而来，渔翁手持钓钩，钓到鱼而满心欢喜。真是碧空如洗，皓月当头，秋色满江。在理解这首诗的基础上练习"一"所处的不同位置，以及前后音节的声调，从而掌握"一"的变调。

第四节　语气词"啊"的音变

一、概论

（一）"啊"的音变概念

"啊"是一个表达语气感情的感叹词。如果单独使用或在句子开头，不和其他音节连接时，仍然发"a"音。但如果是语气助词，用在句尾，会受到前面音节韵尾因素影响发生不同的音变。

（二）"啊"的音变作用

"啊"的音变看起来复杂，其实基本上是在前一个音节的归音过程中顺势产生的。掌握"啊"字的变调和音变规律，会使我们的语气自然、大方，声音色彩丰富。

（三）"啊"的音变规律

1. "啊"在句首

"啊"字在句首时作叹词，仍发"ɑ"音，但声调会有以下变化：

（1）表示赞叹、惊异，读阴平。例如：

啊！他突然站起来了！

（2）表示追问，读阳平。例如：

啊？你到底在说什么呀？

（3）表示惊疑，读上声。例如：

啊，这难道是我的影子吗？

（4）表示明白过来、回答和应诺，读去声。例如：

（音较长）啊，是这样啊。

（音较短）啊，好吧，我就去。

2. "啊"在句末

"啊"在句末通常会受前字读音影响产生音变，基本上是在前一个音节的归音过程中顺势产生的。现举例如下表：

"啊"前面音节的韵母	前音节末尾的音素	"啊"音变	例子
i、ɑi、uɑi、ei、uei、ü	[-i] [-y]	[A→iɑ]	他呀
u、ɑo、iɑo、ou、iou	[-u]	[A→uɑ]	好哇
ɑn、iɑn、uɑn、ɑn、en、in、uen	[-n]	[A→nɑ]	看哪
ɑng、iɑng、uɑng、eng、ing、ueng、ong、iong	[-ŋ]	[A→ŋɑ]	听啊
-i[ſ]	[-ſ]	[A→zɑ]	字啊
-i[ʅ]	[-ʅ]	[A→rɑ]	纸啊
ɑ、iɑ、uɑ、o、uo、e、ie、ê	[-A] [-o] [-ɤ] [-ɛ]	[A→iɑ]	说呀

二、"啊"的音变发音训练

从语言艺术发声角度来看，单独发"啊"音应该是圆润、饱满、响亮的，但当"啊"作前面音节的韵母或韵母的尾音时，口腔、唇形受前一音节的影响做相应的变化。

有音变现象的"啊"音是语气助词，因此，真正变化的不仅仅是语音本身。若是情感、语气不发生相应的变化，尽管语音准确听起来仍觉得生硬、不自然。

1.语句训练

她高兴得不知说什么好啊，突然觉得生活多么有意思啊，天空多么蓝啊，太阳多么红啊！

训练提示：

把握"啊"音变化的同时要注意说这句话时的心情，这种情感的抒发要到位，要有强烈的表达愿望。

多么新奇，多么有趣的花啊！

什么了不起的事啊！

他们是给我们铺路的人啊！

他还这么小啊！

这是你第几次啊？

训练提示：

训练时"啊"音出口前每一句话的情感应先把握准确。

2.绕口令训练

鸡、鸭、猫、狗

鸡啊、鸭啊、猫啊、狗啊，一块儿在水里游啊！

牛啊、羊啊、马啊、骡啊，一块儿进鸡窝啊！

狼啊、虎啊、鹿啊、豹啊，一块儿在街上跑啊！

兔儿啊、鼠儿啊、虫儿啊、鸟儿啊，一块儿上窗台儿啊！

训练提示：

这个绕口令具有故事性，非常有趣，所以训练时不能毫无节奏韵律地拖腔拖调。在注意准确度的同时，还应想象具体的场景，分别想象动物的形象、具体的动作，就像给别人讲一件热闹、有趣的事。

第五节　轻重格式

一、概述

（一）词的轻重格式的概念

在汉语普通话及各方言中，一句话里双音节词或双音节词中的每个音节都有轻重强弱的不同。造成这种变化的原因，有音节之间声调的差别，有构成一句话的词或词组的每个音节在音量上不均衡，还有词义或情感表达的需要。也就是说，双音节或多音节词的各个音节有着约定俗成的轻重强弱差别，称为词的轻重格式。

（二）词的轻重格式的分类

普通话音节在词组结构中并不是读得一样重，而是有轻重区分，但轻与重是相对而言的，其轻重格式大致为重、中、轻三级。长而强的音节称为重，短而弱的音节称为轻，介于二者之间的称为中。普通话多音节词语的几个音节在言语表达中约定俗成的轻重差别，就是词语的轻重音格式。当然，"轻"与"重"是相对的，读起来要自然而不生硬。

（三）词的轻重格式的作用

虽然普通话词语的轻重格式大多数没有区别词意的作用，但却非常重要。人们用普通话朗读或说话时，如果把词的轻重音格式弄错了，要么听感上会显得别扭不自然，要么词不达意，甚至还会产生歧义。在实际发音中，如果不能比较准确地掌握普通话的轻重格式，听起来就会带有明显的方言色彩。掌握轻重格式的方法，在于要多听、多辨别、多练习，从而形成正确的语感。

（四）词的轻重格式的认识

（1）应清楚的是，词的轻重格式并不是语言表达中的重音。重音是播音时根据语句目的、思想感情需要而给人以强调的词或短语，而轻重格式是词的内部轻重强弱的差别。

（2）词的轻重格式是约定俗成的，但不要把轻重格式当成永远不变的形式，在语流中为了表达的需要，我们可以打破原有的轻重格式。

二、轻重格式的发音训练

普通话词语轻重音格式的基本形式是：双音节、三音节、四音节，大多数以最后一个音节读为重。70%以上的双音节词语读为"中重"格式，三音节词语大多数读为"中中重"格式，四音节词语大多数读为"中重中重"格式。

（一）双音节词语的轻重音格式

1. 中重格式

播音　学校　电话　农耕　车窗　专车　继续　流水
花草　索要　芭蕉　日报　陆军　海洋　清澈　蓝天

训练提示：

可把"重"的音长拉长，音高方面，第二个音节音高起音比第一个音节起音略高。如"播音"实际发音时调值44、55。

2. 重中格式

正月　战士　记者　作家　困难　书记　设施　合同　意义

知识　道理　农民　参谋　意志　现象　气氛　编辑　消息

训练提示：

在两字词语中要以前一个字为主体，重读；后一个字稍短、稍弱。

3. 重轻格式

丈夫　老婆　把子　力气　粮食　门道　太阳　活泼

葡萄　孩子　运气　凑合　提防　聪明　风筝　功夫

训练提示：

读法与轻声相同，前一个音长而饱满，后一个音轻而短，若以百分比为例，在双音节中前一个音长75%，后一个音长25%。

（二）三音节词语的轻重音格式

1. 中中重格式

解放军　文学院　播音员　控制器　压力锅

日光灯　共产党　马兰花　展览馆　西红柿

训练提示：

绝大部分三音节词语都是中中重格式。

2. 中重轻格式

老头子　大姑娘　老伙计　胡萝卜　巧媳妇　花骨朵　撑面子

训练提示：

这类三音节词容易将第一个字重读，但应强调中间的字，在语流中可以灵活把握。比如，"可不是个小孩子了，长成大姑娘了！"受语境的影响可以强调其中的"大"字，表达的意思更准确。

3. 中轻重格式

大不了　吃不消　过得去　说得来　动不动　冷不丁

训练提示：

读此类三音节词时，易将第二个音节重读，调整到第三字重读即可。

（三）四音节词语的轻重音格式

1. 中重中重格式

流行音乐　高等学校　驷马难追　高等学校　广播电台
高楼大厦　时装表演　百炼成钢　社会主义　二氧化碳

2. 中轻中重格式

糊里糊涂　拖拖拉拉　上上下下　拉拉扯扯
吃吃喝喝　地地道道　欢欢笑笑　喜气洋洋

3. 重中中重格式

惨不忍睹　义不容辞　诸如此类　美不胜收

4. 中轻重轻格式

半大小子　拜把兄弟　如意算盘　闺女女婿

三、词语的轻重格式综合训练

（一）绕口令练习

郭伯伯

郭伯伯，卖火锅，带卖墨水和馍馍。
墨水馍馍装火锅，火锅磨得墨瓶破。
伯伯回家交婆婆，婆婆掀锅拿馍馍。
墨水馍馍满火锅，婆婆坐着默琢磨，
莫非是外国产品摩登货。

训练提示：

这个绕口令的训练不能一字一顿地单说词组，要以句子为单位，找准词语的轻重格式，如"伯伯""馍馍""婆婆""琢磨"是重轻格式的词语，要说准，前一个音长而饱满，后面一个读得轻而短。我们在训练中要积极寻找良好的声音状态，配合具体情境的想象，再进行练习。

（二）语段练习

无论你处在什么样的地方，什么样的环境，什么样的状态，只要心里有阳光，世界便充满光明。

训练提示：

这个语段中有中重、重中、重轻三种轻重格式，先仔细进行辨析，再进行训练。

在日常经验里，视觉、听觉、触觉、嗅觉、味觉往往可以彼此打动或交通，眼、耳、舌、鼻、身各个官能的领域可以不分界限。颜色似乎会有温度，声音似乎会有形象，冷暖似乎会有重量，气味似乎会有锋芒。

训练提示：

这段话选自钱钟书的《七缀集》，这是他对文学领域中的通感的定义。训练时要注意把握这段话当中的重中格式和中重格式词语的区别。例如，"视觉、听觉、触觉、嗅觉、味觉"这几个词语的格式是重中，训练时可与其他词进行反复比较。

第六章　口腔控制

| 第一节　口腔控制及其训练 |

一、概述

（一）播音发声对吐字的要求

播音员、主持人是通过广播电视媒介来传播信息的，传播过程中受电声系统的影响，信息容易受到干扰而衰减。因此，我们应努力锤炼语言基本功，使信息能准确、清晰地传达给受众。

播音主持艺术的语言基本功训练包括练字、练气、练声。字与声母、韵母的准确把握紧密相关，但同时离不开口腔这一重要部位的训练。口腔是语音的制造厂，是人体发声的最后通道。人体的声音通过动力系统和声源系统的共同配合从喉部发出，而通过口腔的控制和调节我们才能最终形成千变万化的字音。

作为播音主持艺术语言，我们对口腔控制的能力要求还要更高，若能掌握控制和协调的方法，吐字的品质将更高。同时，同一个人可通过口腔的控制和调节塑造出不同的声音形象，为我们进行有声语言创作提供了更大的空间。

就吐字品质而言，要求是准确、清晰、集中、圆润、流畅。当然，我们的语言内涵丰富，表现形式多样，这些要求并不是整齐划一的一个标准。我们应该用发展的眼光来看待这一要求，时代不同要求也有倾向；不同语体、不同场合吐字要求有层次上的差别，切不可练得一成不变，失掉了语言的生动与鲜活。

（二）咬字器官

人体在发声过程中，气息冲击声带在喉部发出声音后经咽腔到达口腔，通过口腔各部位的协同配合形成不同的语音。这些口腔内对声音起节制作用的各个部位即为咬字器官，主要包括唇、舌、上下腭、牙关、上下齿龈等部位。其中，唇和舌在形成字音的过程中动作最积极，起的作用最大。这些部位的配合使口腔可大可小，成为可调节的部位。加之，与口腔相关的肌肉力度不同，为我们调整字音的准确度和美感提供了有利的条件。

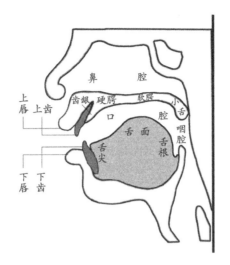

咬字器官示意图

（三）口腔控制的要领

口腔控制是指发音时咬字器官的整体配合状态，包括唇舌力度集中，打开口腔，明确声音发出的路线和字音着力位置。

1. 唇舌灵活、力量集中

唇和舌在形成字音过程中动作最积极，其灵活度是语音流畅自如的前提条件。在语言表达中出现的吃字、滚字、走音、语流不自然的现象都与唇舌的灵活度有关。

字音的集中还与咬字器官力量的集中有关，而唇舌力量的集中起到至关重要的作用。满唇发力会使字音散射，而将力度集中在唇中央三分之一处会使字音更加清晰、集中。

舌头是咬字器官中最灵活、最积极的部位，其训练以舌前部和中部的力度和灵活度为主。舌的力量应主要集中在舌前后中纵线上，且发音时舌体应适度呈收势，有蓄势待发之感。这才能保证咬字时灵活而有弹动力。

2. 打开口腔

播音发声所讲的打开口腔并不等同于日常生活中的张大嘴。生活中，我们张大嘴是靠外部肌肉拉伸的力由外而内，且主要打开的是口腔的前部，后部并没有真正打开；而播音发声所谓的打开口腔是要求口腔前中后部都打开，颧肌、牙关、软腭即整个上腭主动上抬，而下巴放松，是一个从动的过程，不需要主动用力往下，这四个部位协同配合来完成。

（1）提颧肌。提颧肌主要是帮助打开口腔的前部，通过提颧肌的动作能使唇舌着上力，从而提高声音的亮度和字音的清晰度。由此可见，提颧肌是打开口腔的关键环节，能起到总指挥的作用。

> 要领：
>
> 颧肌用力向上提起，口腔前上部有展宽感，鼻孔随之有少许张大，同时上唇内缘紧贴牙齿。

应注意的问题：

①误认为提颧肌和微笑是一样的。微笑时，尽管颧肌稍有提起的状态，但其实是笑肌带动整个面部、口腔及两个嘴角横向朝两边咧开。而提颧肌是颧肌带动口腔前部向前、向上方提起，口腔纵向朝上打开，两嘴角不咧开。两者应该区别开来，否则会造成字音偏扁或者发散等问题。

②提颧肌时上唇会随之往上抬起。在实际训练中，为找到颧肌向上提起的感觉，我们可以在提的同时体会鼻孔朝上微微张开、鼻翼稍展的感觉。但上唇的内缘要紧贴上齿，尤其上门齿部位与唇内缘的接触应比较明显。否则，若上唇往上抬起，会造成下唇也随之往上包住下齿导致字音含混。

③颧肌过于向上提起。提颧肌时应把握分寸。提颧肌的目的是打开口腔前部，使字音更清晰，声音更明亮。在训练时可加大练习力度，但在用时应尽量保证自然。

（2）打牙关。打牙关是为了打开口腔的中部，是指上下颌在发音时要有一定的开度，用以增大口腔中部的空间，为共鸣创造有利的条件。

在一些影视作品中，我们会听到有一些人说话让人感觉是咬牙切齿的，那是受情绪的影响。而一般情况下，生活中说话时牙关开度不小但也并不够大，因此，我们需要进一步训练。

> 要领：
>
> 打牙关就是要使上下槽牙在咬字时有一定的距离，上槽牙尤其是后部应始终保持向上提起的感觉。张口时有槽牙上提的感觉，类似于半打哈欠；闭口时有上门齿下扣的感觉，类似于啃苹果。

训练时可用夸张咀嚼来帮助体会牙关打开的效果。还可用"以开带闭"的方式，将平时牙关不够开的字音尽量打开，如i、u、ü训练前可先发ɑ，感受到上下槽牙的距离后再带动其他字音进行训练。

a — i

a — u

a — ü

应注意的问题：

①不要把牙关的开度当作一个绝对标准来训练。

②牙关开与不开是一个相对的概念，训练时不能人为将其量化。且在实际运用中应根据表达的需要而变化，一旦僵化就不自然了。

③打牙关的动作不要与其他咬字器官割裂开来练。训练中，在单独练习打牙关之后，要注意与其他器官配合。若过分注重牙关开度而忽略舌头的灵活度和力度，仍然不能达到口腔控制的最佳状态。

（3）挺软腭。挺软腭是抬起上腭后部的动作，它可起到两个重要作用：其一，加大口腔后部空间，改善音色；其二，缩小鼻咽入口，避免声音大量灌入鼻腔而造成鼻音。

日常生活中，人们不说话时软腭处于松软下垂的状态，软腭与舌根之间几乎没有空间；而说话时人们没有主动挺起软腭的意识，软腭与舌根之间的空间并不大。

> 要领：
> 软腭位于上腭的后部，可用舌尖抵住上腭前部慢慢向后滑，找到后部软软的位置，再有意识地挺起来，加大软腭与舌根之间的开度。

我们可用半打哈欠或惊喜状发"啊！"的方式来体会挺软腭的感觉，也可用舌位较靠后的一些字音来带其他字音，如好、高、考。

应注意的问题：

①挺软腭应适度。所谓的适度应从两方面来看：一是软腭挺起的高度，并非挺得越高越好，过高会造成发音不自然；二是从时值角度来说，在播音发声状态下，挺软腭是口腔的基本状态，但并不代表每一个字音的发音过程都一直挺起。鼻韵母发音时有一个挺起和下降的过程，否则音不准。除此之外，有时为了表达的需要挺软腭会有程度上的变化，一成不变就会造成"音包字"的问题。

②注意不要压舌根。为加大口腔后部的空间挺起软腭时，应注意舌根不要往下压或刻意往上提，这容易使声音混浊、偏暗。

③挺软腭也要找到着力点。挺软腭时，可以以小舌为中心着力点，软腭两侧朝小舌集中。

（4）松下巴。由于生理构造的原因，松下巴在打开口腔方面比挺软腭更具有实质性的效果。因为有人平时说话就习惯下巴用力，用下巴配合其他咬字器官发音。但播音发声的要求与这一习惯恰恰相反，下巴应不参与配合其他咬字器官发音，它应处于放松"从动"而非积极、主动的状态。

> 要领：
> 松下巴的要领不在于关注如何做到"松"，而是将注意力放在口腔上半部分，积极主动地做到提颧肌、打牙关、挺软腭，下巴自然就处于放松状态了。若不习惯松下巴，可模仿日常生活中牙疼时说话的感觉。

应注意的问题：

①有人误认为下巴用力咬字才清晰。下巴帮忙咬字并不能使字音清晰，反而会使舌根紧张，咽管变窄，口腔变扁，把字咬"横"、咬"死"。用下巴帮忙的深层次原因可能是舌头力度不够或上腭张合不够积极主动，应加大舌部力度和上腭开度的训练才能真正解放下巴。

②声抵前腭。腭是指口腔的上壁，俗称"口盖"，它位于口腔与鼻腔之间将两者分隔开来。腭分前后两部分，前三分之二是硬腭，后三分之一是软腭。而前腭即是指硬腭的前端，它是语音发声的主要内感区，声束到达此处，可提高发音效率，增强声音的亮度。

> 要领：
> 在口腔打开的前提下，声束经喉部、咽腔到达口腔，沿着软腭、硬腭的中纵线向前推进到硬腭前端，以此为字音的着力点。

训练中，可发舌位偏前的韵母ie、üe体会气流和声束到达硬腭前端时因共鸣产生麻麻的震动感，声音发出有一种从口以上透出的感觉，音色集中而明朗。若没有挂上前腭，则音色偏扁而散。

二、口腔控制训练

（一）口部操训练

接触过播音发声训练的人，大都做过口部操。这个训练就相当于构字器官的热身运动，其目的是提高咬字器官的力度和灵活度，而最终是为解决语音、发声问题。但如果口部操的训练针对性不强，效果会受到很大影响。每一个部位、每一种训练方法都要与具体的语音或发声问题相结合才能达到最好的训练目的。

1.**唇的训练**

（1）拢唇。双唇闭拢向前、向后、向上、向下、向左、向右及左右转圈。向上下左右方向时注意唇贴齿训练。

训练目的：

训练口轮匝肌，增强唇部收撮的力度，力度越强，韵母因收撮力增加，发音也更加响亮有力（如跟 ü、u相关的韵母发音）。

配合字音训练：

元月　外语　越位　乌龟　无谓　退回　回归　围嘴

组委会　委员　委员会委员　委员会委员长　委员会副委员长

（2）喷唇。双唇紧闭，堵住气流；唇齿相依，不裹唇；将力度集中于双唇中央三分之一处，突然从中爆破发出pi、po音。注意喷出的气流应成一束，而不是完全散开。

训练目的：

训练双唇内缘成阻力度，使双唇力度集中，字音更加清晰，有弹动力（如声母b、p、m发音）

配合字音训练：

碧波　逼迫　并排　北坡　奔波　批驳　密报　弥补

百白破　抱不平　蓬蓬勃勃　婆婆妈妈

（3）咧唇。先把双唇噘起来，然后两嘴角用力横向朝两边伸展，伸展到极致体会两嘴角带动口部肌肉的张力，这样反复训练。

训练目的：

韵母中复韵母和鼻韵母唇形变化会影响字音准确度，使两嘴角具有圆展变化的力，这正是为适应汉语音节尤其是韵母的发音特点而训练的。

配合字音训练：

聚集　崎岖　土地　寓意　依偎　体会　纪委　机会

快慰　有为　回味　归队　一五一十　一步一回

（4）撇唇。先把双唇噘起来，然后向左歪再向右歪，交替进行，速度由慢到快，逐渐熟练。

训练目的：

训练双唇及两嘴角的灵活度。

（5）绕唇。双唇紧闭，噘起，然后左转360度，右转360度，交替进行，由慢到快，再由快到慢。注意向左和向右转的次数应相同，力度也尽量一致。

训练目的：

训练口轮匝肌，增强唇部收撮的力度和灵活度，从而增加双唇发音力度，且更加灵活地配合舌部运动，使发音更加流畅自然。

2. 舌的训练

（1）伸舌。舌体集中，意念上尽量把舌尖想象成一个点，上下门齿用力阻塞，而舌尖冲出上下门齿的阻碍努力往外伸，越尖越好，伸到极致再往回缩，缩到最大程度，反复训练。

训练目的：

增强舌尖前收拢的力量，使吐字更集中，且适应了吐字应遵循向前运动，不能向后退缩的原则。

配合字音训练：

集体　利益　比翼　犀利　序曲　豫剧　屡屡　比喻

畜牧局　淅淅沥沥　点点滴滴　寻寻觅觅　凄凄惨惨戚戚

（2）舌打响。

①先把力量集中在舌尖，抵住上齿龈，堵住呼出的气流，然后突然打开爆发出te音，反复进行。注意不要舌尖部位整体都用力，尽量用舌尖中纵线的力，te发得越清晰越好。

训练目的：

增强舌体（尤其是舌尖）活动的弹动力和灵活度，以确保字音的准确清晰。比如舌尖中阻d、t的发音。

爹爹　地道　地点　丢掉　喋喋　忐忑　唐突　汤团

舌尖　当地　豆得丁　调到　敌岛　打特盗

②把力量集中在舌根，抵住软腭与硬腭交界的地方，堵住气流，然后突然打开爆破发出ga、ka音，反复进行并体会阻气—突然爆破—阻气—突然爆破发音的感觉。注意尽量用舌根中纵线的力，ga音发得越清晰越好。

训练目的：

增强舌体（尤其是舌根）活动的弹动力和灵活度，以确保字音的准确清晰。比如舌根阻g、k、h的发音。

配合字音训练：

归国　骨骼　故宫　瓜葛　鬼怪　桂冠　宽阔　坎坷

（3）顶舌。先闭唇，用舌尖顶左右两边的内颊，交替进行。一左一右，由慢到快，但不可过快，保证动作到位。注意顶的时候舌尖要收拢，越尖越好。

训练目的：

增强舌尖的力度和灵活度，保证字音准确、清晰。

（4）刮舌。舌尖抵住下齿背，舌体用力，用上门齿的齿沿刮舌尖和舌面，反复进行。

训练目的：

加强舌面收拢上挺的力，使力量集中在舌的中纵线上，以保证字音的鲜明、集中。如与声母j、q、x相关的字音，可多训练刮舌。

配合字音训练：

积极　季节　气球　嬉戏　纠结　机器　七夕　习气

惺惺相惜　息息相关　凄凄切切

（5）转舌。闭口，把舌尖伸到齿和唇的中间，先向顺时针方向绕360度，再逆时针绕360度，交替进行。

训练目的：

转舌可增强舌体（尤其是舌尖）活动的弹动力和灵活度，以确保字音的准确清晰。

（6）捣舌。把一个枣核大小的物体（或是一小块糖果）放在舌面，最好是枣核形或椭圆形，将其置于舌面，再用舌面挺起的动作使其翻转，反复训练。训练时量力而行，注意安全。

训练目的：

增强舌面的灵活度，体会舌面挺起时纵向的力。有利于训练跟舌面音j、q、x相关的字音发音。

（7）立舌。先把舌头自然平放在下齿槽当中，然后向左向右立起。

训练目的：

增强舌的弹性和力度，有助于发l音。

3. 颊的训练

颊部的肌肉也需要训练，否则字音容易含混，清晰度会受到影响。比如一部分东北人说话时不分o、e，往往把bo发成be，这与面部咀嚼肌松散有关。训练的方法就是夸张咀嚼。

要领：

嘴角咧开，缩舌，用力做咀嚼的动作，像老虎咬东西之前张嘴咬的动作。

训练目的：

增加颊部肌肉力量，使发音准确、清晰。

（二）打开口腔训练

1. 提颧肌

提颧肌主要是训练打开口腔前部，下面的双音节词都是由发音偏前的音节构成，有助于打开口腔前部的开度。同时，双音节词的前一个音节开度较大，后一个音节开度较小，用以开带闭的方式感受颧肌提起时的状态。

来历　代替　采集　败绩　班级　伴侣　淡季　产区
巴金　打拼　来宾　打猎　巴结　蜡笔　芭蕾　败北

2. 打牙关

打牙关主要是训练打开口腔中部，下面的双音节词大多是由发音偏口腔中部的音节构成，有助于打开口腔中部的开度。

大家　拔牙　下嫁　价码　吓傻　拿下　差价　牙刷

3. 挺软腭

挺软腭主要是训练打开口腔后部，下面的双音节词都是由发音偏后的音节构成的，有助于打开口腔后部，提高口腔后部的开度。

报道　牢靠　膏药　高超　婉转　转弯　专断　贯穿
关公　矿工　管控　当中　房东　盲从　皇宫　黄铜

4. 松下巴

松下巴是一个从动地配合发音的过程，越是主动训练越难放松。因此，只要将注意力放在口腔的上腭部分（包括提颧肌、打牙关、挺软腭），下巴自然能放松。

5. 综合训练

爱不释手　安分守己　奥妙无穷　黯然销魂　傲霜斗雪
昂首阔步　按图索骥　八面玲珑　巴山蜀水　跋山涉水
百感交集　百废待举　才貌双全　沧海一粟　姹紫嫣红
草长莺飞　川流不息　大动干戈　大快人心　殚精竭虑
单刀赴会　雕虫小技　繁文缛节　凡夫俗子　高瞻远瞩
广开言路　刚正不阿　豪情逸致　欢呼雀跃　画龙点睛

（三）唇舌灵活、力度集中的训练

1. 唇部灵活度、力度集中训练

（1）唇部灵活度训练。

①唇形圆展训练。

由圆到展：

菩提　补给　目的　独立　物理　肚脐　苦心　镀金

由展到圆：

企图　疾苦　西服　季度　击鼓　地图　祈祷　礼物

混编：

新闻　恩准　氛围　沉稳　退位　尾随　归队　维稳

居委会　游击队　无所谓

②齐齿呼和撮口呼训练。

由齐到撮：

提取　机遇　鲤鱼　西域　体恤　纪律　崎岖　寄居

由撮到齐：

预期　语意　履历　曲奇　雨滴　余地　具体　聚齐

齐撮混编：

齐越　月夜　秘诀　批阅　业余　音韵　解决　洁具

徐福记　白居易　李谷一　心有余悸　予取予求

（2）唇部力度集中训练。

双唇阻声母训练

由闭到开：由双唇配齐齿呼 i 发音的集中效果带动其他唇形发音使双唇集中。

碧波　蓖麻　壁报　臂膀　皮包　皮帽　密码　弥漫

由开到闭：倒过来训练保证唇部力度一样集中。

罢笔　马匹　毛笔　眉笔　破壁　抹蜜　包庇　漫笔

混编　摆拍　播报　鞭炮　偏僻　便秘　明媚　泡沫　奔跑

2. 舌部灵活度、力量集中训练

（1）舌部灵活度训练。

①舌尖灵活度训练。

z、c、s—zh、ch、sh（平翘舌混合训练）

最早　总则　自足　自责　政治　注重　住宅　执照

制作　增长　组织　作者　杂志　最终　转载　职责

层次　猜测　璀璨　催促　长春　抽查　出差　橱窗

存储　财产　尺寸　成才　仓储　纯粹　筹措　促成

搜索　色素　三思　嫂嫂　时尚　设施　受伤　税收

损失　随时　缩水　赛事　所属　丧失　申诉　输送

组织者　总指挥　自治州　总产值　素食者　财产　储存

n—l（边鼻音混合训练）

南宁　牛奶　能量　泥泞　理论　浏览　利率　联络

能力　努力　女郎　年龄　男篮　内陆　奴隶　能耐

理念　老年　历年　冷暖　列宁　岭南　冷凝　流年

男男女女　扭扭捏捏　年利率　零利率　零零落落

②舌面与舌根灵活度训练。

j、q、x—g、k、h

竣工　机构　经过　监管　根据　冠军　关键　改进

情况　期刊　乾坤　取款　口腔　考勤　铿锵　哭泣

协会　新华　鲜花　循环　华夏　和弦　呼吸　户型

进口　健康　强化　后勤　求购　强国　感情　贡献

③舌尖与舌根灵活度训练。

n—ng

番邦　担当　坦荡　船舱　杠杆　航班　帮办　账单

本能　纷呈　真诚　纷争　城镇　能人　蒙尘　风尘

心性　拼命　尽情　亲情　倾尽　精进　倾心　名品

（2）舌部力量集中训练。

舌部力量集中的关键在于发音时走舌中纵线的力度，如舌面音j的发音，舌面部分并不是整体都向上抬起，舌体两侧应尽量放松，舌面中纵线往上抬起，贴向硬腭中前部顶挤发力爆破成音。

①单音节练习。

a.舌部由前往后体会中纵线的力度。

bi—pi—di—ti—ji—qi

ba—pa—da—ta—ga—ka

提示：声母与韵母i相拼时，更容易感受中纵线的力度，由i到a训练，更有利于舌部力度集中的训练。

b.舌部由后到前体会中纵线的力度。

ji—xi—di—ti—bi—pi

ga—ka—na—la—ma—ba

②双音节词训练。

蓖麻　立马　骑马　奇葩　踢踏　抵达　缉拿　细沙

鸡杂　稽查　译码　欺诈　瑜伽　起驾　计价　鱼虾

|第二节　吐字归音|

一、理论阐释

（一）吐字归音的概念

明代昆腔大师魏良辅在《曲律》里说："曲有三绝，字清为一绝。"这里的"清"不仅指准确，还有优美的含义。播音员、主持人应掌握正确的吐字归音要领，以达到发音清晰准确、圆润动听、流畅自如的效果。

吐字归音是我国传统声乐艺术关于咬字方法的术语，是根据汉字语音的结构特点，将一个音节分为字头、字腹、字尾三部分，把吐字过程分为出字、立字、归音三个环节，并对每个环节提出了具体要求，通过对各个环节的控制达到字正腔圆的效果。

（二）吐字归音的基本要领

1. 出字

汉语音节吐字过程的第一个环节叫作出字，它包括字头和字颈。其中字头即是声母，韵母中的韵头（也称介音，由窄元音i、u、ü充当）即为字颈，要求发音时应"部位准确、叼弹有力"。

以汉语音节biāo（标）为例，声母b和韵头i的发音过程即为出字。出字的处理影响整个音节的发音质量，所谓"部位准确"主要靠字头，即声母的发音部位准确来实现。如biāo中b是双唇阻，双唇不能裹也不能满唇发音，用双唇内缘中央的三分之一处发音更准确、清晰、集中。

出字时，"叼弹"应用巧力，既不能过大，也不能过小。力度过大容易把字咬"死"使字拙，过小则字音不清晰。先"叼"再"弹"，"叼"住才能"弹"出。做到出字有力，才能使整个音节清晰而响亮。

"叼"和"弹"是分别针对声母发音过程不同阶段提出的要求。"叼"是成阻和持阻阶段的要求。"叼"的成阻阶段发音部位要准确，持阻阶段发音部位力度集中，要保持一定的强度和紧张度。而"弹"是对声母除阻阶段的要求，除阻过程应干净利落，有力而轻巧。

字颈，即韵头、介音，都是由窄元音i、u、ü充当。位置在声母之后，它与声母的关系跟两个元音构成的复韵母发音方法不同。

复韵母发音是由一个元音滑向另一个元音，唇形也随之逐渐变化。如ua的唇形是由圆到展。出字时，字头（声母）和字颈（介音）配合，字颈决定了字头的口形。例如，guā的字头g在出字时要做好字颈u的口形，即圆唇发g；而jiān的字头j应配合i的口形展唇发音。

2. 立字

立字是指字腹（即韵腹）的发音过程，要求"拉开立起"。字腹是由一个音节中最主要的元音充当的，它在整个音节中最为突出，其发音质量决定了整个字音是否饱满、响亮和纯正。字腹的发音质量主要从口腔开度和发音持续时间两个方面获得。

如汉语音节biāo（标）字腹为 a，口腔应开至 a 的舌位央、低处，同时，a 发音的时值相较字头和字尾是最长的。这样才能保证整个字音饱满、响亮。

所谓"拉开"即是指在字头弹出后迅速打开口腔，舌体与上腭之间形成纵向开合的关系，口腔开度大。"立起"即在打开口腔的同时，主要元音发音时值较长，使得整个字音有立体、饱满之感。

若字腹是窄元音i、u、ü时，本身开度不大，应遵循闭音稍开的原则，注意开度适当，太开容易影响字音的准确度。

3. 归音

归音是指字尾（即韵尾）的发音过程，要有收尾的效果，做到"弱收到位，趋向鲜明"。字尾归音的质量决定了字音的完整性。

所谓"弱收"即是要在字腹过渡到字尾时，字尾一出则力渐松、气渐弱、声渐止、口渐闭，将字音收住的过程。

"到位"是归音时舌位要到达的位置，要准确。"趋向鲜明"则是舌位动程要有鲜明的去向。

汉语音节中充当字尾的有元音i、u、o，辅音n、ng。i作字尾时，舌应明显抬向发[i]的位置，往i音方向运动中即收声。u 作字尾时，舌位抬起有一定高度的同时唇形应拢圆，否则字音未发完整。前鼻n音归音时，舌尖应收到硬腭前端，阻住口腔通道，鼻音一出立即收声。后鼻ng归音时，舌根应收到软、硬腭交界处，阻住口腔通道，鼻音一出立即收声。

4. 吐字归音的"枣核形"

"枣核形"是传统说唱艺术对汉语音节发音过程较形象的比喻和描述。从枣核的形状来看，两头小、中间大，这正是完整的汉语音节（头、腹、尾俱全）字头叼住弹出、字腹拉开立起、字尾弱收到位的吐字过程。从口腔开度来看，一定汉字音节由闭到开再到闭；从发音的响度来说，字腹比字头和字尾更响亮、饱满，也正符合枣核的形状特征，即两头尖、中间部分饱满。

强调"枣核形"的发音方法，正是为了达到吐字清晰、饱满、响亮、集中的目的。字头和字尾所占时值较短，字腹时值较长。但应注意"枣核形"中的头、腹、尾是一个有机统一的整体，不能分解开来。从字头到字腹再到字尾，并不是跳跃式的变化，而是滑动的方式。

并非每一个汉语音节都是头、腹、尾俱全。每个音节都有字腹，但有的没有字头，有的没有字尾。零声母音节没有字头，开尾音节没有字尾。训练时，要发出枣核形的效果相对较难。

对于零声母音节，以元音i、u、ü开头的零声母音节可在发音位置加一定的摩擦力，发得稍带辅音色彩，字头感会更明显，字音清晰度更高。以元音ɑ、o、e开头的零声母音节发音时稍加喉头阻塞的效果，出字质量更高。

开尾音节在字腹发音结束时，口腔应随之逐渐收小，把字音拢住，发出归音的效果。可多用有字尾的音节带动训练的方式感受发音时归韵的感觉。

吐字归音能有效地帮助训练字音，达到播音发声所要求的吐字清晰、饱满、响亮、集中的效果。但同时应注意，有声语言的表达情感丰富、变化万千，若一味追求每一个字音的质量势必会使发音变得机械而无生命力。因此，在语流变化中，吐字归音应根据不同内容、语体、情感色彩表达的需要变得自然而流畅。吐字应服从表达的需要，实现最终的表达目的。

二、吐字归音训练

（一）出字训练

出字训练的目的在于使字音发音部位准确且字头叼弹有力。

1. 无介音的字头训练

没有介音字头，吐字时注意叼住弹出的力度和部位准确、集中的效果。

（1）单音节练习。

bi—ba—bu pi—pa—pu mi—ma—mu

di—da—du ti—ta—tu ni—na—nu

zha—zhu cha—chu sha—sh ga—gu

训练提示：

与元音i相拼时，字头更容易做到力度集中地叼住弹出，若感觉发音部位力度到位后，可变换顺序反复训练。

（2）双音节练习。

版本 品牌 到底 体坛 南宁 另类 制作 组织

改革　公共　可靠　刻苦　红火　呵护　颁布　来临

（3）绕口令练习。

长扁担，短扁担

长扁担，短扁担，

长扁担比短扁担长半扁担，

短扁担比长扁担短半扁担。

长扁担绑在短板凳上，

短扁担绑在长板凳上。

长板凳不能绑

比长扁担短半扁担的短扁担，

短板凳不能绑

比短扁担长半扁担的长扁担。

哥哥和姑姑

哥哥挂钩，

钩挂哥哥刚换的白小褂。

姑姑隔着隔扇去够鼓，

鼓高姑姑难够鼓。

哥哥帮姑去够鼓，

姑姑帮哥把小褂补。

（4）古诗练习

题菊花

黄巢

飒飒西风满院栽，

蕊寒香冷蝶难来。

他年我若为青帝，

报与桃花一处开。

2. 声母＋介音（韵头）的字头训练

声母应与介音配合，介音决定了声母发音时的口形。训练时注意体会同一声母与不同介音拼合时口形的细微变化，体会字头叼住弹出的效果。

（1）单音节训练。

diao—duo　tiao—tuo　jie—jue　qie—que

niao—nuo　liao—luo　xie—xue　lie—lüe

dian—duan　tian—tuan　lian—luan　jian—juan

qian—quan　xian—xuan

训练提示：

每一对音节前一个音节声母配合齐齿呼，发声母前做好展唇的口形，后一个音节声母配合合口呼，发声母前做好圆唇的口形。

（2）双音节词训练。

掉队　袅娜　侨眷　胶卷　解决　缭乱　寥落　效果

妥帖　罗列　鹊桥　确切　学校　绝佳　国交　货架

断电　天团　团队　欠缺　鲜血　建军　军舰　训诫

（3）绕口令训练。

打特盗

调到敌岛打特盗，

特盗太刁投短刀，

挡推顶打短刀掉，

踏盗得刀盗打倒。

娇娇嫁金桥

娇娇嫁金桥，

起轿请舅瞧。

清酒鸡鸭齐，

七姐七舅到。

紧衣裙，俏襟袄，

娇娇娇又俏。

喜鹊叫，喜气绕，

轿过斜街，巧过桥。

（4）古诗词训练。

江雪

柳宗元

千山鸟飞绝，

万径人踪灭。

孤舟蓑笠翁，

独钓寒江雪。

（二）立字训练

立字的训练目的在于使字音饱满、响亮、圆润。字腹的开度和响度是训练的重点。尤其是本身开度和响亮稍弱的元音，应运用前音稍后，后音稍前，以及开音稍闭，闭音稍开的原则来帮助发音。

1.前音稍后，后音稍前

前音是发音时舌位偏前的音节，后音是发音时舌位靠后的音节。发音时，舌位过于靠后字音容易集中但不饱满，舌位过于靠后容易发散不易集中。一前一后或一后一前的音节组合有利于拉开立起，保证其开度和响度。

（1）双音节词训练。

土地　故里　沐浴　鼓励　主力　孤僻　护理　谷粒

攻击　红旗　恐惧　沪剧　终极　农历　果皮　互利

训练提示：

训练时注意前音稍后发，以上词语第一音节韵母发音靠后，第二音节韵母发音靠前，以后带前进行训练。

（2）双音节词训练。

地主　批捕　疾苦　西湖　提督　脊柱　剧务　辟谷

畜牧　剧目　局部　婢仆　企图　缉毒　雨雾　礼物

训练提示：

训练时注意后音稍前发，以上词语第一个音节韵母发音靠前，第二音节韵母发音靠后，以前带后进行训练。

2.开音稍闭，闭音稍开

开音是指口腔开度较大的音节，闭音是指口腔开度较小的音节。口腔开度过大，字音容易发散；口腔开度过小，字音不够饱满、响亮，字音立不起来。可用以开带闭或以闭带开的方式组合训练，有利于字腹拉开立起。

（1）双音节词训练（开音稍闭，以闭带开）。

期待　举办　弥漫　补偿　负担　实干　子弹　金牌

执照　执掌　铸造　组装　剧照　聚光　领奖　冰箱

训练提示：

训练时注意开音稍闭发音，以上词语第一个音节韵母为窄元音，口腔稍闭，第二音节韵母口腔开度较大，以闭带开进行训练。

（2）双音节词训练。

阿姨　法纪　蜡笔　华西　暴雨　着急　塞北　逃避

刷新　壮举　道理　双鱼　上帝　南宁　乡音　将军

训练提示：

训练时注意闭音稍开发音，以上词语第一个音节韵母为宽元音，口腔开度较大，第二个音节韵母口腔稍闭，以开带闭进行训练。

3.综合训练

（1）绕口令训练。

鸟看表

水上漂着一只表，

表上落着一只鸟，

鸟看表，表瞪鸟，

鸟不认识表，

表不认识鸟。

山羊上山

山羊上山，山碰山羊角，

水牛下水，水没水牛腰。

猪进猪圈，猪拱大猪槽，

毛驴驮草，草压毛驴腰。

（2）古诗词。

早发白帝城

朝辞白帝彩云间，

千里江陵一日还。

两岸猿声啼不住，

轻舟已过万重山。

芙蓉楼送辛渐

寒雨连江夜入吴，

平明送客楚山孤。

洛阳亲友如相问，

一片冰心在玉壶。

（三）归音训练

归音训练的目的在于每个音节字尾归韵时部位准确、弱收到位，从而保证发音的完整性。不同字尾收音的趋向和位置是训练的重点。

（1）单音节训练。

bi—bu—ba—bai—bao—ban—bang

pi—pu—pa—pai—pao—pan—pang

di—du—da—dai—dao—dan—dang

ti—tu—ta—tai—tao—tan—tang

zi—zu—za—zai—zao—zan—zang

zhi—zhu—zha—zhai—zhao—zhan—zhang

ji—jia—jiao—jian—jiang

gu—ga—gai—gao—gan—gang

训练提示：

前三个与声母b相拼的音节属于开尾音节（即没有韵尾的音节），发音时，为使声音集中，在韵腹发音快结束时口腔应逐渐收小，把音"拢住"，达到归音的效果。

（2）双音节词训练。

白搭　排比　脉搏　外婆　债务　带路　干部　反目

上帝　放牧　防御　光驱　艰巨　潜力　货币　国际

训练提示：

以上双音节是有韵尾的音节和无韵尾的韵节组合，有韵尾的音节更容易归韵，用以有带无的方式进行训练。

（3）绕口令训练。

盛饭

红饭碗，黄饭碗，

红饭碗盛满饭碗，

黄饭碗盛饭半碗。

黄饭碗添了半碗饭，

红饭碗减了饭半碗，

黄饭碗比红饭碗又多盛半碗饭。

槐树槐

槐树槐，槐树槐，

槐树底下搭戏台。

人家的姑娘都来了，

我家的姑娘还没来。

说着说着就来了，

骑着驴，打着伞，

歪着脑袋上戏台。

（4）古诗词训练。

凉州词

王翰

葡萄美酒夜光杯，

欲饮琵琶马上催。

醉卧沙场君莫笑，

古来征战几人回？

登鹳雀楼

王之涣

白日依山尽，

黄河入海流，

欲穷千里目，

更上一层楼。

锦瑟

李商隐

锦瑟无端五十弦，一弦一柱思华年。

庄生晓梦迷蝴蝶，望帝春心托杜鹃。

沧海月明珠有泪，蓝田日暖玉生烟。

此情可待成追忆，只是当时已惘然。

送友人

李白

青山横北郭，白水绕东城。

此地一为别，孤蓬万里征。

浮云游子意，落日故人情。

挥手自兹去，萧萧班马鸣。

海棠

苏轼

东风袅袅泛崇光，

香雾空蒙月转廊。

只恐夜深花睡去，

故烧高烛照红妆。

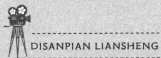

第三篇　练　声

第七章　喉部控制

| 第一节　喉部结构概说 |

通常我们说"这个人嗓子好，那个人嗓子不好"，这里的"嗓子"指的就是声音，再具体一点就是喉。喉头内的声带作为振动器官，在有声语言的发声中占有重要的位置，它的振动状况直接影响发出声音的质量。

喉位于人的咽部与气管之间，由软骨支架、肌肉、韧带和纤维组织膜等构成。声带，是喉的一部分。在发声过程中，喉部的控制状态和控制能力决定了声音的品质。同时直接影响语言表达，甚至会影响到嗓音的艺术寿命。因此，我们要科学地调整、训练自己的嗓音，以适应有声语言表达的需要。

一、软骨

环状软骨：喉的基础软骨，前窄后宽，紧接气管上端。环状软骨是形成喉腔的"基座"，对保证喉的畅通有重要作用。

甲状软骨：喉软骨中最大的一块，在环状软骨之上，喉支架的中部，盾甲状。

勺状软骨：位于喉的后部，左右对称各一块，形状近三面椎体。它底部的前角为声带突。勺状软骨的运动可以调整声带的松紧和声门的开闭。

会厌软骨：树叶状，富有弹性，位于甲状软骨上部，喉的入口处。会厌软骨的主要功能是在吞咽食物时关闭喉通道，以防止食物进入气管。

二、声带

声带由黏膜、肌纤维及声韧带组成，共有两片，前端起于甲状软骨交角的内面，后端分别联结于左右两侧勺状软骨的声带突，呼吸时，两声带间呈规则的等腰三角形，发声时两声带闭合，前后均不见裂隙。正常的声带呈瓷白色。

气息由下向上的定向输送过程中，声带产生了"开—闭—开—闭"的周而复始、连续开闭的高速运动，声带颤动，空气产生了"疏—密—疏—密"的变化，声波就此形成。气流冲击声带，声带颤动产生声音。

三、声门

声门是介于两条声带之间的裂隙，这是喉腔中最狭窄的部位。声门的开度主要取决于勺状软骨的运动。发音时声带位置处在中线位，声门裂隙为零。

四、声带振动与声音变化

喉部构造确实是天生的，比如声带的长短、厚薄等，它决定了一个人发声的特征。没有经过发声训练的人往往在喉部控制方面存在一些问题，比如发音的时候喉部紧张、用力，或是发音的时候挤压嗓子，发出的声音过紧，以及播音用声过实、过虚，超出了语言表达需要的范围和程度等。这都会影响播音质量的提高，甚至影响喉部的发音能力，缩短播音寿命。

声带振动的状况决定了声音的音高、音量、音色、音长的变化。

音高及其变化，是指基音的频率及其变化，取决于发音体在单位时间内的振动次数。次数越高，也就是频率越高，声音也就会越高；相反，次数越少，也就是频率越低，声音也就会越低。在保证音色和谐的前提下，人支配自己的音调发生高低变化的能力范围，在艺术发声中称为"音域"。音域的宽窄，是发声能力的重要标志之一。

音量及其变化是指声音的强弱及其变化。在音高稳定的情况下，音量的大小取决于发音体振动的幅度。振幅越大，音强越大，声音就越强；振幅越小，音强越小，声音就越弱。

音色是指在相同音高和相同音量的前提下，一种声音所具有的本质性征。其中包含了语音音色、嗓音音色和声音色彩三个概念。语音音色是指在语音范畴内，这一类（个）音区别于其他类（个）音的本质性特征。嗓音音色是指反映出的发音个体所具有的本质性特征，其取决于声带和声道所固有的形态特征。声音色彩指的是人类通过听觉所获得的对声音的一种综合印象。声音色彩的不同，取决于呼吸控制、口腔控制、共鸣控制和声带的闭合等状况，在声音的音高、音量、音色、音长四个方面有不同比例的组合。

音长的变化是由声带振动时间长短决定的，与声带振动的状态并无直接关系。

第二节　喉部控制要领与特点

一、喉头相对稳定

喉头位置相对稳定可以保证声音变化时的和谐通畅以及音色的基本稳定。如果喉头上下移动的范围增大，使喉部过于紧张，导致声带负担加重，不仅音色难听，还会使声带疲劳，容易产生病变。因此，我们应该让喉部肌肉保持吸气时的放松状态。发高音时，要尽量控制喉头过多地往上走，当然也要尽量控制喉头过多地往下走，让喉头保持在一个相对稳定的位置，才能保证声音的畅通。

喉头位置的调整要通过对喉外肌的控制来实现，可采用以下步骤和方法来实现：首先有意提起、降下喉头，反复进行，使其灵活自如。其次，用手指弹击甲状软骨板，确定基准位，喉头垂直位移的训练以此为中心点。最后，发音时，舌位的高低、前后及口腔的开合都会连带喉头上下移动，比如在发舌位偏高或偏前的元音时，喉头往往自然上提，相反情况下则自然下降。

二、喉头相对放松

我们讲喉部控制，首先需要明确，不是紧张才是控制，放松也是一种控制。播音发声状态下，两条声带不是紧密闭合，而是轻松靠拢。喉部积极而放松是喉部控制的最佳状态。要做到这种状态就要"抓两头，放中间"。也就是说，抓住口腔控制和气息控制，放松喉部。播音发声时，两条声带不是紧密闭合，而是轻松靠拢。在这种情况下，喉部肌肉能自如灵活地运动，才能较好地和呼出的气流协调配合，完成发音过程。否则发出的声音大而拙，表现力差。

从感觉上来讲，喉部是放松的。喉部放松应该是发音的时候最基本的感觉，要想提高发音效率，发出悦耳的声音，就要放松喉部。要注意避免一坐到话筒前面或者是摄像机前面就喉部发紧，脖子上青筋暴露，要认识到这种挤压出来的声音并不美，而且难变化和控制，既不自然又不利于表达。

喉部的放松可以先抬起下巴使前颈部伸长，后颈部缩短。然后像往常一样做吞咽和打哈欠的动作。现在向下向里缩下巴，挡住部分颈部，重新吞咽和打哈欠，反复操作，使喉部相对放松。

| 第三节　喉部能力拓展训练 |

一、音高训练

音高控制能力的训练是为了拓展音域。播音员、主持人不能只依赖自然声音的能力，而应该充分拓展自己的艺术用声能力。训练的重点应该放在中声区偏低的位置，逐渐向高、向低拓展。

（一）基础训练

气泡音：通过发气泡音来体会声带基本的震动状态，可以用于发声前的准备活动和发声后的声带恢复。

螺旋式上绕、下绕练习：用"i"音，从说话的自然音高中的某一个音开始，持续发音，逐渐"环行上绕"，向高音扩展，而后再由刚才达到的、力所能及的高音逐渐"环行下绕"，循序渐进。

阶梯式升高、降低练习：首先可用单一元音或单一音节，从说话的自然音高中的某一个音开始，一次次地接连发音，一个音阶、一个音阶地逐次升高或降低。

上滑音、下滑音练习：单元音"i"的延长音，使音高上滑至接近自己的高音极限，向下滑至接近自己的低音极限。

注意气息控制，自己的发声一定要力所能及，接近高音、低音极限时不能失去控制。在练习高与低的声音变化时，可有意识地利用一些不同含义的句段来设计高低变化。

1. 有层次的高低变化

将自己最舒适的中音定为音阶1，用单元音 a、o、e、i、u、ü 做长音练习。练习高音区时，可以从音阶1发到音阶2、3、4、5……逐渐将声音升高。练习低音区时，可以从音阶1发到音阶2、3、4、5……逐渐将声音降低。注意，在练习的时候，应尽量避免极度高或低的音，否则会对发声器官造成伤害，反而失去了练习的意义。

2. 明显对比的高低变化

（低）它轻轻扇动翅膀飞起来，

（高）越飞越高，

（更高）越飞越高。

（高）床前明月光，（次高）疑是地上霜。

（次低）举头望明月，（低）低头思故乡。

（二）文章训练

训练提示：

以下文章、歌词作为喉部控制中音高控制的训练材料，要求根据文意，用声音的高低来把文章处理出层次感，主要目的是稳定中声区的发声，拓展音域。

你是我心底的一首歌

国风

你是我心底的一首歌，

伴我走过了多少岁月，

歌声在心头萦绕，

梦般地柔婉、迷惘又凄切，

我悄悄地唱着这首歌，

像讲述一个美丽的传说。

也许它不是一首歌，

是心底流淌的一条河。

你是我心底的一首歌，

伴我度过了多少寂寞。

我用心把你歌唱，

歌声里有忧伤也有欢乐。

我轻轻地唱着这首歌，

忘记了孤独也忘记了羞涩。

真的，它不是一首歌——

是心在对你深情地诉说。

二、音强训练

音强控制能力的训练是为了增强对音量大小变化的控制能力。音强的训练可以设想有不同人数的受众，设想有不同大小的场地和场合，从而采用不同的表达方式，可以从交谈式、播讲式、播报式、宣读式到朗诵式依次变化，音量逐渐增大。在训练时，一定要以保证发声器官健康为前提，不可过度使用和练习。

例如，根据《长江之歌》的歌词，可以做以下设想：

（1）在家中独自小声练习。

（2）对朋友深情诉说。

（3）小型诵读会。

（4）正式演出。

按照这四种不同的场景，用不同的音强来朗诵下面这段歌词。

你从雪山走来，春潮是你的风采。

你向东海奔去，惊涛是你的气概。

你用甘甜的乳汁，哺育各族儿女，

你用健美的臂膀，挽起高山大海。

我们赞美长江，你是无穷的源泉，

我们依恋长江，你有母亲的情怀。

三、音色训练

音色控制能力的训练是为了适应播音创作中多变的思想感情，从而达到表情达意的艺术要求。声音色彩变化主要表现为声音虚实的变化。实声是在声带紧密靠拢时候发出的声音，虚声是在声带放松时候声门适度开启时发出的声音。声音的虚实变化应与变化的音高、音强、音长进行组合，做到"以实为主，虚实结合"，加强喉部的控制。

1. 单元音的虚实训练

a、o、e、ê、i、u、ü七个单元音可以进行复合型的虚实训练，用一口气让音色在虚实之间有控制地变化，如：

a（实声）—a（虚声）

a（虚声）—a（实声）

a（实声）—a（虚实声）—a（虚声）

a（虚声）—a（实虚声）—a（实声）

其他六个单元音也可以用这种方式训练虚实变化。

2. 词的音色变化训练

用不同的情感、语气来读成语，体会不同音色变化上的喉部控制。

风调雨顺　山河美丽　山盟海誓　千锤百炼　心明眼亮　身强体壮　深谋远虑

调虎离山　木已成舟　覆水难收　下笔成章　异口同声　破釜沉舟　万古长青

花团锦簇　光明磊落　兵强马壮　中流砥柱　中国伟大　精神百倍　暮鼓晨钟

救死扶伤　风调雨顺　字里行间　耀武扬威　四海为家　梦想成真

3. 文章训练

训练提示：

以下文章作为喉部控制中音色控制的训练材料，要根据文章不同的基调，用不同的音色来对文章进行诵读。也要根据文意，用不同的声音色彩把文章处理出层次感。

1. 白杨礼赞（节选）

那就是白杨树，西北极普通的一种树，然而实在不是平凡的一种树。

那是力争上游的一种树，笔直的干，笔直的枝。它的干呢，通常是丈把高，像是加以人工似的，一丈以内绝无旁枝。它所有的丫枝呢，一律向上，而且紧紧靠拢，也像是加以人工似的，成为一束，绝无横斜逸出。它的宽大的叶子也是片片向上，几乎没有斜生的，更不用说倒垂了；它的皮，光滑而有银色的晕圈，微微泛出淡青色。这是虽在北方的风雪的压迫下却保持着倔强挺立的一种树。哪怕只有碗来粗细罢，它却努力向上发展，高到丈许，二丈，参天耸立，不折不挠，对抗着西北风。

这就是白杨树，西北极普通的一种树，然而决不是平凡的树！

它没有婆娑的姿态，没有屈曲盘旋的虬枝，也许你要说它不美丽——如果美是专指"婆娑"或"横斜逸出"之类而言，那么白杨树算不得树中的好女子；但是它却是伟岸，正直，朴质，严肃，也不缺乏温和，更不用提它的坚强不屈与挺拔，它是树中的伟丈夫！当你在积雪初融的高原上走过，看见平坦的大地上傲然挺立这么一株或一排白杨树，难道你觉得树只是树，难道你就不想到它的朴质，严肃，坚强不屈，至少也象征了北方的农民；难道你竟一点也不联想到，在敌后的广大土地上，到处有坚强不屈，就像这白杨树一样傲然挺立的守卫他们家乡的哨兵！难道你又不更远一点想到这样枝枝叶叶靠紧团结，力求上进的白杨树，宛然象征了今天在华北平原纵横决荡用血写出新中国历史的那种精神和意志。

2. 繁星

我爱月夜，但我也爱星天。从前在家乡，七、八月的夜晚，在庭院里纳凉的时候，我最爱看天上密密麻麻的繁星。望着星天，我就会忘记一切，仿佛回到了母亲的怀里似的。

三年前在南京，我住的地方有一道后门，每晚我打开后门，便看见一个静寂的夜。下面是一片菜园，上面是星群密布的蓝天。星光在我们的肉眼里虽然微小，然而它使我们觉得光明无处不在。那时候我正在读一些关于天文学的书，也认得一些星星，好像它们就是我的朋友，它们常常在和我谈话一样。

如今在海上，每晚和繁星相对，我把它们认得很熟了。我躺在舱面上，仰望天空。深蓝色的天空里悬着无数半明半昧的星。船在动，星也在动，它们是这样低，真是摇摇欲坠呢！渐渐地我的眼睛模糊了，我好像看见无数萤火虫在我的周围飞舞。海上的夜是柔和的，是静寂的，是梦幻的。我望着那许多认识的星，我仿佛看见它们在对我霎眼，我仿佛听见它们在小声说话。这时我忘记了一切。在星的怀抱中我微笑着，我沉睡着。我觉得自己是一个小孩子，现在睡在母亲的怀里了。

3. 十里长街送总理

天灰蒙蒙的，又阴又冷。长安街两旁的人行道上挤满了男女老少。路那样长，人那样多，向东望不见头，向西望不见尾。人们臂上都缠着黑纱，胸前都佩着白花，眼睛都望着周总理的灵车将要开来的方向。一位满头银发的老奶奶拄着拐杖，背靠着一棵洋槐树，焦急而又耐心地等待着。一对青年夫妇，丈夫抱着小女儿，妻子领着六七岁的儿子，他们挤下了人行道，探着身子张望。一群泪痕满面的红领巾，相互扶着肩，踮着脚望着，望着……

夜幕开始降下来。几辆前导车过去以后，总理的灵车缓缓地开来了。灵车四周挂着黑色和黄色的挽幛，上面装饰着白花，庄严，肃穆。人们心情沉痛，目光随着灵车移动。好像有谁在无声地指挥。老人、青年、小孩，都不约而同地站直了身体，摘下帽子，静静地望着灵车，哭泣着，顾不得擦去腮边的泪水。

就在这十里长街上，我们的周总理迎送过多少位来自五洲四海的国际友人，陪着毛主席检阅过多少次人民群众。人们常常幸福地看到周总理，看到他矫健的身躯，慈祥的面庞。然而今天，他静静地躺在灵车里，渐渐远去，和我们永别了！

灵车缓缓地前进，牵动着千万人的心。许多人在人行道上追着灵车跑。人们多么希望车子能停下来，希望时间能停下来！可是灵车渐渐地远去了，最后消失在苍茫的夜色中了。人们还是面向灵车开去的方向，静静地站着，站着，好像在等待周总理回来。

第八章　共鸣控制

|第一节　共鸣概说|

一、共鸣的基本概念

共鸣原是物理学上的名词，当空气中的物体受到振动时，就会产生振动次数疏密而频率不同的音波，人类耳朵可以听到的频率称为声音，而过高或低的频率，人耳无法忍受或听不到的则称为超音波。当物体振动产生的音波遇到一个适合它振动的空间时，就会产生共振作用，而发出比原音波更洪亮的声音，此种现象，称为共鸣，也就是说发音体之间的共振现象叫作共鸣。

二、共鸣的作用

（1）共鸣的训练可以使声音得到加强和扩大，不但可以使一个人的声音更加清晰，而且还会传得更远。

（2）共鸣的训练可以使声音润色、美化，在产生共鸣的过程中，共鸣会产生丰富的泛音，共鸣器官把发自声带的原声在音色上进行润饰，使声音圆润、优美。

（3）共鸣的训练可以减轻声带的负担，科学调节共鸣器官，从而可以丰富或改变声音色彩，同时起到保护声带的作用，延长声带的寿命。

三、共鸣器官及分类

人体发声的共鸣器官，在喉以上的有喉腔、咽腔（喉咽、口咽、鼻咽）、口腔和鼻腔（鼻窦、蝶窦、额窦）；在喉以下的有气管、胸腔。

在播音发声中，我们使用的主要有胸腔、口腔、鼻腔等。胸腔共鸣能使声音浑厚、洪亮；口腔共鸣能使声音结实、明亮；鼻腔共鸣能使声音明丽、高亢。

四、播音共鸣的特点

播音发声，多采用中声区，即平时说话时感觉最舒服的状态。其共鸣方式主要以中部共鸣为主，也就是口腔共鸣。口腔是整个发声过程中最灵活、最重要的可调节共鸣腔。

播音发声的整体感受是气息下沉，两肋扩张，喉部、胸部放松，声音像一根弹性的声音柱，在胸部的支持下，垂直向上，经口咽处流动向前，沿上腭中线前行，"挂"于硬腭前端，透出口外。

五、播音共鸣控制的原则

1. 状态积极且松弛

要产生较好的共鸣，首先应有饱满的精神状态，它能有效调节呼吸的状态，为产生共鸣打下良好的基础。同时，颈部、胸部等与共鸣腔体相关的肌肉、器官应尽量放松才能更好地发挥共鸣调节的作用。

2. 共鸣腔要畅通

喉腔、咽腔、口腔保持正常状态，不挤、不压。

3. 较好地配合呼吸

共鸣的调节需要靠气息的调节来实现。较强的共鸣需要足够的气息量，高音、低音的变化需要气息压力共同调节。过强或过弱的气息都不利于灵活地调节共鸣。

第二节　共鸣发音训练

人体发声的共鸣是从喉部的声带发出的声音，经过声道共鸣器官，引起共振而扩大，变得震荡、响亮，圆润有弹性，刚柔适度，形成各种不同的色彩。

一、胸腔共鸣

胸腔，简单地说是由肋骨支撑的胸廓，也可以把胸腔看作不可调共鸣腔。胸腔共鸣不参与语音的制作，但可以增加低泛音，扩大音量，使声音听起来洪亮、浑厚、结实。胸腔共鸣又叫低音共鸣，在较低的声部运用比较多。实际上，在我们每个声部的所有声区，都需要有胸腔共鸣的成分，只是比例多少的问题。

（一）寻找胸腔共鸣

用较低的声音发 a 音，并用手轻按胸部，感觉声音从胸腔发出。还是用 a 做练习音，再适当加大音量，从实到虚，从高到低发长音，体会在发音的时候哪一段声音胸腔振动强烈，然后在这一声音阶段训练，通过反复练习会发现较低又柔和的声音易于产生胸腔共鸣。

（二）增强胸腔共鸣

1. 用较低的声音发"ha"音

声音一定不要追求过于明亮的感觉，用手轻轻按胸部，体会声音从胸腔发出的感觉，如果胸腔共鸣的感觉不够明显，可以逐渐降低音高，同时加大发"ha"时的音量。增加胸腔共鸣的适当音色后，用这一段的声音练习下面含有"a"的词语，"a"的口腔开度大，容易产生胸腔共鸣。

2. 发夸大的上声来体会

上声是降升调，214调值，发音的时候是由半低起调，先降到最低，然后再升到半高音，由2度降到1度再升到4度。在这个过程中，由2度降到1度时可明显得感觉到胸腔的共鸣。

把（ba）—百（bai）—宝（bao）—绑（bang）

米（mi）—好（hao）—走（zou）

暗淡　反叛　散漫　蹒跚　航海

出嫁　武汉　计划　到达　白发

翻江倒海　百炼成钢　发愤图强

3. 用适当的声音练习古诗

春晓

孟浩然

春眠不觉晓，

处处闻啼鸟。

夜来风雨声，

花落知多少。

训练提示：

训练时，声音不要太高或过于明亮，注意加强韵脚的胸腔共鸣。表达时要配合具体情境的想象。通过多次练习找到合适的胸腔共鸣。

4. 找到方法后，练习以下语段。

我看樱花，往少里说，也有几十次了。在东京的青山墓地看，上野公园看，千鸟渊看……在京都看，奈良看……雨里看，雾中看，月下看……日本到处都有樱花，有的是几百棵花树拥在一起，有的是一两棵花树在路旁水边悄然独立。春天在日本就是沉浸在弥漫的樱花气息里！

训练提示：

练习时要注意善于运用胸腔共鸣，发出的声音听起来宽广、浑厚、洪亮、结实，给人以真实、可信的感觉。

二、口腔共鸣

口腔共鸣又称中音共鸣、中部共鸣，主要包括口腔、口咽腔和喉腔，它使声音明亮、音色清晰。口腔是在发音的过程中最复杂、最灵活的腔体。口腔由于下腭的运动可以开合，又因为舌头形状的变化可以改变容积，所以说口腔的形状对共鸣有重要的影响，是非常重要的共鸣腔。

口腔是咬字吐字的主要器官，对语言发声至关重要，没有口腔的活动就不可能产生言语；不合理地发挥口腔共鸣的作用，就不可能使发音圆润饱满；没有口腔共鸣，其他的共鸣腔体就无法发挥作用。口腔共鸣是声音从喉咙发出后的第一个共鸣区域，是头腔共鸣和胸腔共鸣的基础。口腔共鸣必须辅以其他共鸣作用才能改善其音色，否则没有艺术表现力。

播音发声对于口腔共鸣着重强调打开口腔，使口腔在发声的过程中处于积极的状态。在打开口腔的时候，注意唇齿贴近、唇舌力量集中，提高声音明亮度。打开口腔时下腭自然放下稍向后拉，上腭有上提的感觉，使声音挂在硬腭前部集中，舌位要准确，动程要流畅、完整，这样获得良好的口腔共鸣效果。

（一）寻找口腔共鸣

发声时注意打开口腔，体会声音沿上腭中线前滑，挂在前腭的感觉。可以从练习"i"音开始，软腭带着小舌向后咽壁挺起，关闭鼻腔，口腔开度较小，可多练习齐齿呼来找口腔共鸣的效果。

（二）增加口腔共鸣

在打开口腔的基础上，练习发复韵母 ai、ei、ao、ou等音。发音前先做口腔开度和舌前部灵活度的训练；然后从ya—ye—yao进行练习，再进行yue—yuan，u—ua—uai的训练，感受舌位动程大小之间的对比关系，找清楚元音舌位高低的对比，从而体会口腔共鸣的感觉。

（三）结合气息进行口腔共鸣的综合训练

练习时在两肋支撑的基础上，一定要注意口形以及舌位的变化。如发"a"音时，口腔打开，舌体自然平放，保持央低状态，舌尖接触下齿龈，双唇自然展开，最后发ba音，双唇用力，口腔打开，舌体保持央低状态。在练习时要注意口腔以及舌位灵活度的把握，使字音圆润动听。

a—ba—bai

i—üe—ie

peng—pa—pi—pu—pai—pu—pi—pa—peng

（四）改善 ü、u、o 的音色

有的同学在发带有 ü、u、o 的字时，容易翘唇，或者嘴唇突起过长，就会形成较为沉闷、暗淡的音色。要想使音色改善，可适当地使唇齿相依，减少突起。用下列韵母做对比练习来比较音色的变化。

ao—ou—iao—iou

ua—uo—uai—uei—uan

（五）词语练习

意义 咿呀 意识 疑心 记忆 毅力 条约 奏乐 飞越

不遗余力 和风细雨 山河美丽 山明水秀

训练提示：

练习时注意窄音宽发，在不影响音色的前提下，声腔的开度要大一些，以增强口腔共鸣的成分。

（六）语段训练

她是有丁香一样的颜色，丁香一样的芬芳，丁香一样的忧愁，在雨中哀怨，哀怨又彷徨。

训练提示：

我们在训练中积极寻找良好的口腔共鸣的状态，声音挂在硬腭前部集中，靠前且集中，使声音明亮、音色清晰。再配合具体情境的想象，营造了一种幽深空蒙的意境，含蓄地暗示出作者迷茫又期待的情怀，调动起良好的播讲愿望。

三、鼻腔共鸣

鼻腔有固定的容积，属于不可调节共鸣腔，鼻腔共鸣是声波在鼻骨上的振动，即将声音的焦点定位在鼻腔。这样的感觉是声音的中心点靠前，声音薄而明亮，比较灵活。

鼻腔共鸣的作用主要由三种方式实现：一是发鼻辅音时软腭下垂，鼻腔通路打开，声波随着气流通过鼻腔出来，产生鼻腔共鸣。二是在发鼻化元音时，软腭略微下垂，声波随气流分为两路，分别通过口腔、鼻腔出来取得鼻腔共鸣。三是在播音发声的过程中，声波在口腔冲击硬腭，由骨传导而产生的鼻腔共鸣。在播音发声中，要首先处理好鼻音和非鼻音在区分意义上的作用；然后使用鼻腔共鸣要适度。适当的鼻音会使音色柔和、华丽，而鼻腔共鸣过度，会降低语音的清晰度，使音色浑浊。

鼻腔共鸣的控制，重点在于软腭的运用。软腭是鼻咽腔的底，运用得好有利于用咽壁对声音的推送。

（一）找到鼻腔共鸣

我们可以先用哼鸣练习"m"来进行体会，使软腭中部产生振动，从而扩大鼻咽腔，同时还能使鼻咽腔下部也打开，充分体会鼻腔共鸣的感觉。

（二）鼻腔共鸣的运用

1. 增强鼻腔共鸣

用m、n、ng音进行哼唱练习。m的哼唱使我们可以感觉得到硬腭之上鼻道中的气息和软腭的前部在扯紧；n哼唱可以使软腭中部振动而且可以扩大鼻咽腔；ng哼唱可使软腭后面的垂直部分振动并且打开鼻咽腔的下面部分。交替发a音和ma音，a —ma。发a音时软腭上挺，堵住鼻腔通路，体会口腔共鸣，发鼻音m时，软腭下垂，打开鼻腔通路，反复练习ma音，体会软腭上挺或下垂的不同感觉。体会到鼻腔共鸣后，然后用适当的声音练习下面的词语，可先用m、n开头的音来练习体会鼻腔共鸣，再练习其他的音。

妈妈 命名 光芒 头脑 接纳 中央

人民 满面 牛奶 弥漫 美貌 泥泞

2. 减少鼻音色彩

语音发声有适当的鼻音会使声音比较柔和，但鼻音过浓就会听着不舒服，感觉声音是从鼻子哼出来的，音色也暗淡。造成鼻音过多主要有三个原因，要想使鼻音问题得到解决，就要对症下药。

（1）要进行挺软腭的训练。鼻音过重的主要原因是软腭下塌无力，口腔开度不够造成的。发音的时候，口咽和鼻咽有缝隙，气息就容易过多地灌入鼻腔。所以要增强软腭的力量，发元音时软腭尽量上抬，堵住鼻腔，使气息只能从口腔里出来，同时还需要加强舌头前部对字音的牵引力量，使声音从口中送出。

（2）可以多做口部操的练习。鼻音过重的第二个原因是唇舌不够灵活。有的同学为了发音省事，口不张开，舌头不运动，声音就抄近道从鼻子发出了。如果唇舌不够灵活，要增强上唇中部和舌前部的力量，而且发音的时候舌头的动程和口腔的开度可以适当增大。

（3）可以用手捏住鼻孔不出气，发"ɑ"音来体会。鼻音过重的第三个原因是鼻韵元音过早鼻化。可用手捏住鼻子来检查是否过分使用鼻腔共鸣。如果鼻腔从元音开始就共振，表明鼻腔共鸣使用过度，应减少元音的鼻化程度。从单字到词组进行练习：先练习ɑ音，体会没有鼻音的感觉；再发in音，体会气息一开始从前舌面最高处到舌尖上齿龈再从鼻腔送出有鼻音的感觉；最后再发ɑn音，体会一开始ɑ音没有鼻音，不能鼻化，再到最后发ɑ音进鼻腔，声音从鼻腔出来的感觉。

渊源　中央　荒凉　光芒　尖端　黄昏　种养

训练提示：

一般来说，ɑ的鼻腔共鸣弱，带有ɑ音的词语要注意软腭下降可稍大，含有i、u、ü的音气流容易进入鼻腔，软腭就不可下降太多。

第九章　声音弹性

|第一节　声音弹性概述|

一、声音弹性内涵

声音弹性是指声音对于变化的思想感情的表现能力。简单地说，就是声音的色彩、气息的状态随感情变化而产生的伸缩性、可变性。每个人声音的弹性各不相同，有些人的声音对于不断变化的思想感情适应力强、表现力好，就说这个人的声音富于弹性；有些人的声音对于变化着的思想感情适应力差，表现力弱，就说这个人的声音弹性差，对作品的适应面也就相对要窄。

语言工作者们说话时，语言负载量大、信息量大，情感变化幅度也大，我们要在自然朴实的基础上逐步培养一种富于色彩的，有感染力的、表现力的声音，使发声技巧与作品内容和谐统一，让声音能够适应情感的发展和内容的需要，这就是我们训练声音弹性的目的。

二、获得声音弹性的方法

人的思想感情在一定的语言环境中是不断运动的，而人的声音通过控制调节是可变的，这两条是取得声音弹性的必要条件。要使声音富于弹性应注意气息随感情运动。气息是发声的动力，是由情及声的桥梁。

1. 获得声音弹性的方法

情感体验是基础，气息变化是桥梁，发声能力是条件，从情到声是途径。

2. 情声气之间的关系

情是内涵和依托，声是形式和载体，气是基础和动力。气随情动，声随情出，气出于情而融于情。情取其高，声取其中，气取其深。

声音的弹性取决于声音色彩的变化，感情的运动变化是声音色彩变化的内在依据。要想获得有弹性的声音，首先要以情为先，仔细体会情感，把握情感变化的脉络。声音色彩是情感色彩的外部体现，它与人的情感色彩之间存在一定的对应关系。人的情感千变万化，时而风和日丽，时而波浪涟漪，时而心焦气躁，时而胆寒心虚……

思想感情的运动是取得声音弹性的内在依据。要根据栏目、节目、稿件、话题的内容，深切地体会情感运动中的细微变化而将之形之于声。所以，声音弹性训练也绝不能脱离一定的语言环境只去训练音高、音强、音长、音色等"物理量"的变化。发声能力的扩展也有利于声音弹性的加强。除深入理解稿件或节目的内容、主题、宣传目的外，我们应加强声音的各项对比训练，这是提高声音弹性和丰富声音色彩的有效办法。

在发声的各个环节中，对发声的调节、控制都要留有余地，这样才有利于声音弹性的表现。在任何一个环节上表现出运动的极限，都是形成声音弹性的障碍。如音量过大、过小，声调过高、过低，口腔开度过大、过小，口腔控制过松、过紧，声音过度偏前、靠后，进气量过多、过少等，都是发声控制达到极限的表现。在这种情况下，就难以实现具有弹性的声音。

同时，对各种声音色彩对比的训练一定要有针对性，针对自己存在的问题选择练习材料。注意扬长避短，为综合控制打好基础。

| 第二节　声音弹性的特点 |

声音弹性的表现为声音的可变性、声音变化的对比性和层次性，并且声音弹性的变化是以复合形式出现的，而非单项对比形式。

一、声音的可变性

单一声音要素是以一种声音要素变化为主。单一声音要素对比并不否认其他声音变化也混杂其中，只不过其他声音变化不那么明显。这种类型的声音弹性变化较为简单，容易体会和学习，是学习声音弹性的基础。

二、声音的对比性

声音弹性不仅表现在声音的可变性上，还表现在声音的对比性上。对比训练包括强与弱、高与低、轻与重、明与暗、刚与柔、实与虚、前与后、宽与窄、扬与抑、厚与薄、粗与细、松与紧等等。

可以通过发单元音来练习。练习时注意声音的高低、强弱、虚实、刚柔、厚薄、明暗的对比变化。a、o、e、i、u、ü 由低音往上滑动，然后再向下滑动，注意控制好窄元音"i"的口腔开度。加强气息控制，声音不能挤。这样做可以扩展音域，加大音量，控制气息。a、i混合绕音，螺旋式上绕、下绕练习。扩展音域，加大音量，控制气息。

（一）高与低

高与低主要表现为声音的音高变化。它与各种感情色彩变化相关联。有兴趣的声音常常表现出高低变化，使表达更为生动；缺乏兴趣的声音则缺少高低变化，显得十分单调。一般来说，向积极一端发展的感情色彩，如激动、紧张、喜悦，声音呈升高趋势；向消极一端发展的感情色彩，如安静、放松、悲伤，声音倾向低沉。

在练习高与低的声音变化时，可有意识地利用一些不同含义的句段来设计高低变化。例如：

（高）蓝蓝的天上白云飘。

（低）白云下面马儿跑。

（次高）挥动鞭儿响四方。

（高）百鸟齐飞翔。

（高）对面是高耸入云的大山，（低）脚下是波涛汹涌的急流。

（高）孩子们有的在跑，（低）有的在跳，（高）有的则坐在那里。

（二）强与弱

强与弱主要表现为气流和发音强度的变化，即音量大小的变化。坚定、有力或激昂等感情色彩常表现出较强音量；而软弱、无力或消沉的感情色彩常表现出较弱的音量。与高低变化相同，在声音的强弱变化中也体现着一些其他声音要素的变化，强往往与高音和明亮音色相联系，而弱往往与较低和较暗音色相联系。广播中过于强烈的强弱对比影响收听效果，但作为思想感情的表现手段，适度的强弱对比仍是必不可少的。

强弱变化可用词或句子强弱对比进行练习：

"他的心怦怦地跳着。"（"怦怦"的声音较强）

"（弱）他暗自下定决心；（强）我绝不能那样做！"

如"伟大的人民，伟大的党"这句话，可以先用弱音起，每读一遍比上一遍略强。要注意的是，在读句子时音高要保持不变。由低弱音开始练习，声音一遍比一遍略强，音高也略高，需注意的是到最高音时不能有喊叫的感觉，从而训练出高低、强弱的层次性。

（三）实与虚

实与虚主要表现为声音音色的明暗变化，是由声门开闭状态不同造成的。实声声音响亮、扎实，常用于表达严肃、激动、紧张或兴奋的感情色彩。虚声混有呼气声，声音柔和，常与亲切、轻松的感情色彩相连。播音中在表现喊叫时为避免过强音量，带用虚声的神似手法来表达。对于一般的讲述，适当的虚实音色变化会使表达更为生动。

（四）快与慢

快与慢指发音的速度变化。发音的速度变化可形成声音节奏。节奏之中常包含多种声音要素的变化，如强弱、高低。但速度变化引起的节奏最易感觉。发音缓慢给人松弛、平和之感，发音速度快则使人感到匆忙、紧张。两者对比变化可形成感情色彩的变化。

（五）松与紧

在发音中，吐字力度也可形成对比变化。松散的发音使人有随便之感，吐字的工整使人感到正式和严肃。吐字力度的变化常常伴随音量和音长的变化。吐字工整、力度较强往往音量稍大，发音的持续时间较长。从整体上看，播音吐字比口语吐字力度要强，但节目类型不同，吐字规整程度也不一样，新闻类节目吐字较规整，较为轻松的节目吐字略松些。不管哪一类节目，表达中都存在着不同层次的吐字松与紧的变化，吐字方式并非单一不变。

（六）远与近

可以模拟钟声敲响的感觉"咣……"，然后逐渐收回，越来越小，直至声停。

或者进行假想回声练习，如"你好（远、重）……你好（更远，次重）……你好（最远，轻）……"

也可两个人远距离对话练习，练习时随时改变距离。比如：

A：喂——小兰——小兰。

B：诶——我在这。

A：快——来——啊。

B：什么事——呀。

A：咱们——去玩吧！

B：好——吧。

可以先预想距离为5米，然后是10米、50米、100米等，从而训练出远近的层次性。

（七）综合练习

运用气息，声音运动幅度大、夸张地处理以下这段话，用不同的情感和状态来体现声音的弹性：

> 红旗飘，军号响，子弟兵，别故乡
>
> 路迢迢，秋风凉，敌重重，军情忙
>
> 苗岭秀，旭日升，百鸟鸣，报新春
>
> 锣鼓响，秧歌起，黄河唱，长城喜
>
> 手足情，同志心，飞捷报，传佳音
>
> 顶天地，志凌云，山城堡，军威振

第三节　声音弹性拓展训练

一、古诗词

训练提示：

古诗词是练习声音弹性的好材料，朗读时要求气息贯通而有深浅、多少、急徐等方面的变化。练读时应注意虚实明暗、强弱高低、刚柔断连的处理。

泊秦淮

杜牧

烟笼寒水月笼沙，夜泊秦淮近酒家。

商女不知亡国恨，隔江犹唱后庭花。

训练提示：

朗诵时应体味和感受作者身处乱世、心忧庙堂的悲凉心境。此刻六朝早已灭亡，在烟雨迷蒙、水寒沙白的秦淮之边，在临河的酒家里，那不识忧愁的歌女，却依然轻按檀板、漫舒歌喉，一遍又一遍地唱着这哀怨的歌曲，虽是客中偶感，却不无警世之意。

望庐山瀑布

李白

日照香炉生紫烟，遥看瀑布挂前川。

飞流直下三千尺，疑是银河落九天。

训练提示：

朗诵时应注意对遥看中的瀑布全景和飞流直下的壮观景色的描绘。可以设想随着李白这位"导游"的眼光去欣赏，认真体会诗人那博大的胸襟，并处理好每句诗中的动词，如"照""生""看""挂""下""疑""落"。

早发白帝城

李白

朝辞白帝彩云间，千里江陵一日还。

两岸猿声啼不住，轻舟已过万重山。

训练提示：

作品如三峡流水，于一气奔放中寓流转回宕之美。诗人朝发白帝，暮至江陵，舟行一日，水程千里，其迅疾自不待言，其喜悦更不待言。表达时应将作者喜悦的情感融于作品的场景之中。

念奴娇·赤壁怀古

苏轼

大江东去，浪淘尽，千古风流人物。故垒西边，人道是，三国周郎赤壁。乱石穿空，惊涛拍岸，卷起千堆雪。江山如画，一时多少豪杰。

遥想公瑾当年，小乔初嫁了，雄姿英发。羽扇纶巾，谈笑间，樯橹灰飞烟灭。故国神游，多情应笑我，早生华发。人生如梦，一尊还酹江月。

训练提示：

朗诵时注意声音形式的对比度，以适应内容、情绪的变化，彰显有声语言的表现力和感染力，应注意声音弹性的运用，让声音形式随着感情的运动而变化。

二、散文诗

训练提示：

声音的弹性即在自然的声音上逐步培养出一种富于色彩、有感染力的声音，使你的声音与作品融合，让声音能适应作品思想感情的变化，听众听起来声音伸缩性好，变化多。弹性的声音听起来舒服，不生硬，委婉，非常悦耳。朗诵时应在情感激荡、感受准确的前提下，让有弹性的声音与表达技巧融汇配合，使文字作品锦上添花。

我微笑着走向生活

汪国真

我微笑着走向生活，

无论生活以什么方式回敬我。

报我以平坦吗？

我是一条欢乐奔流的小河。

报我以崎岖吗？

我是一座庄严思索的大山。

报我以幸福吗？

我是一只凌空飞翔的燕子。

报我以不幸吗？

我是一根劲竹经得起千击万磨！

生活里不能没有笑声，

没有笑声的世界该是多么寂寞。

什么也改变不了我对生活的热爱，

我微笑着走向火热的生活！

面朝大海，春暖花开

海子

从明天起，做一个幸福的人

喂马、劈柴，周游世界

从明天起，关心粮食和蔬菜

我有一所房子，面朝大海春暖花开

从明天起，和每一个亲人通信

告诉他们我的幸福

那幸福的闪电告诉我的

我将告诉每一个人

给每一条河每一座山取一个温暖的名字

陌生人，我也为你祝福

愿你有一个灿烂的前程

愿你有情人终成眷属

愿你在尘世获得幸福

我只愿面朝大海，春暖花开

教我如何不想她

刘半农

天上飘着些微云，

地上吹着些微风。

啊！

微风吹动了我的头发，

教我如何不想她？

月光恋爱着海洋，

海洋恋爱着月光。

啊！

这般蜜也似的银夜，

教我如何不想她？

水面落花慢慢流，

水底鱼儿慢慢游。

啊！

燕子你说些什么话？

教我如何不想她？

枯树在冷风里摇，

野火在暮色中烧。

啊！

西天还有些儿残霞，

教我如何不想她？

雪花的快乐

徐志摩

假如我是一朵雪花，

翩翩的在半空里潇洒，

我一定认清我的方向——

飞扬，飞扬，飞扬，

这地面上有我的方向。

不去那冷寞的幽谷，

不去那凄清的山麓，

也不上荒街去惆怅——

飞扬，飞扬，飞扬，

你看，我有我的方向！

在半空里娟娟地飞舞，

认明了那清幽的住处，

等着她来花园里探望——

飞扬，飞扬，飞扬，

啊，她身上有朱砂梅的清香！

那时我凭借我的身轻，

盈盈地，沾住了她的衣襟，

贴近她柔波似的心胸——

消溶，消溶，消溶

溶入了她柔波似的心胸

FULU XUNLIAN CAILIAO

附录 训练材料

附录一　练　气

训练步骤：

1.调整呼吸，进行练气前的热身。

2.从发气泡音开始训练。

3.膈肌弹发训练或是喊口令等，充分调动呼吸肌肉群，使其灵活而有力。

4.目的明确，每次训练设定一个呼吸训练小目标，逐渐解决气息问题。

5.单音节、双音节训练，找到气与声的合理配比。

一、夸大四声训练

老当益壮　雷厉风行　力挽狂澜　龙飞凤舞

盖世无双　高瞻远瞩　攻无不克　光彩夺目

开卷有益　慷慨激昂　克敌制胜　快马加鞭

豪言壮语　和风细雨　横扫千军　呼风唤雨

艰苦奋斗　锦绣河山　继往开来　举世无双

千军万马　气壮山河　晴天霹雳　群威群胆

喜笑颜开　响彻云霄　心潮澎湃　栩栩如生

辗转反侧　朝气蓬勃　咫尺天涯　专心致志

超群绝伦　称心如意　赤子之心　出奇制胜

山水相连　舍生忘死　深情厚谊　生龙活虎

饶有风趣　人才辈出　日新月异　如火如荼

赞不绝口　责无旁贷　再接再厉　自知之明

沧海一粟　层出不穷　灿烂光明　从容就义

三思而行　所向披靡　四海为家　肃然起敬

训练提示：

训练气声配合，注意随声音高低变化气息强弱、松紧的变化。

二、贯口词、绕口令

（1）北京有天安门、地安门、和平门、宣武门、东便门、西便门、东直门、西直门、广安门、复兴门、阜成门、得盛门、安定门、朝阳门、建国门、崇文门、广渠门、永定门。主要繁华商业区有天桥、珠市口、前门、大栅栏、王府井、东单、西单、东四、西四、鼓楼。还有那北海、颐和园、天坛、动物园、陶然亭、紫竹院、中山公园、文化宫、香山碧云寺、西山八大处。看看周口店的古猿人，十三陵的地下宫殿，长城八达岭、密云大水库、故宫博物院，再看雍和宫、白塔寺、清真寺、大钟寺。瞧瞧世界上最大的钟，净重42.5吨。再看所有罗汉都有位置，唯独济公没地方待，在屋梁上趴着的罗汉堂。

（2）数九寒天冷风嗖，年年春打六九头，正月十五是龙灯会，有一对狮子滚绣球。三月三王母娘娘蟠桃会，大闹天宫孙猴又把这仙桃偷。五月初五是端阳日，白蛇许仙不到头。七月七传说是天河配，牛郎织女泪交流。八月十五云遮月，月里嫦娥犯忧愁。要说愁，净说愁，唱一段绕口令十八愁。虎也愁，狼也愁，象也愁，鹿也愁，骡子也愁马也愁，羊也愁，牛也愁，狗也愁，猪也愁，鸭子也愁鹅也愁，蛤蟆愁，螃蟹愁，蛤蜊愁，乌龟愁，鱼愁虾愁不一样，您听我各个说根由。虎愁不敢把那高山下，狼愁野心耍滑头，象愁脸憨皮又厚，鹿愁脑袋七杈八杈长犄角。马愁备上那鞍骣行千里，骡子愁得一世休。羊愁从小把胡子长，牛愁愁得犯牛轴。狗愁改不了那净吃屎，猪愁离不开臭水沟。鸭子愁得扁了嘴，鹅愁脑瓜门儿上长了一个"锛儿喽"头。蛤蟆愁长了一身脓疱疥，螃蟹愁得净横搂。蛤蜊也愁闭关自守，乌龟愁得不敢出头，鱼愁离水不能够走，虾米愁空枪乱扎没准头。

训练提示：

贯口词、绕口令的训练应注意切不可追求一口气快速读完全部内容，应注重体会词中的韵律美，有节奏地进行气息控制的训练。

三、古诗词

咏柳

贺知章

碧玉妆成一树高，万条垂下绿丝绦。

不知细叶谁裁出，二月春风似剪刀。

江南春

杜牧

千里莺啼绿映红，水村山郭酒旗风。

南朝四百八十寺，多少楼台烟雨中。

临江仙·滚滚长江东逝水

杨慎

滚滚长江东逝水，浪花淘尽英雄。

是非成败转头空。

青山依旧在，几度夕阳红。

白发渔樵江渚上，惯看秋月春风。

一壶浊酒喜相逢。

古今多少事，都付笑谈中。

卜算子·咏梅

毛泽东

风雨送春归，飞雪迎春到。

已是悬崖百丈冰，犹有花枝俏。

俏也不争春，只把春来报。

待到山花烂漫时，她在丛中笑。

蝶恋花·庭院深深深几许

欧阳修

庭院深深深几许，杨柳堆烟，帘幕无重数。

玉勒雕鞍游冶处，楼高不见章台路。

雨横风狂三月暮，门掩黄昏，无计留春住。

泪眼问花花不语，乱红飞过秋千去。

定风波·莫听穿林打叶声

苏轼

莫听穿林打叶声，何妨吟啸且徐行。

竹杖芒鞋轻胜马，谁怕？一蓑烟雨任平生。

料峭春风吹酒醒，微冷，山头斜照却相迎。

回首向来萧瑟处，归去，也无风雨也无晴。

声声慢·寻寻觅觅

李清照

寻寻觅觅，冷冷清清，凄凄惨惨戚戚。乍暖还寒时候，最难将息。三杯两盏淡酒，怎敌他、晚来风急！雁过也，正伤心，却是旧时相识。

满地黄花堆积。憔悴损，如今有谁堪摘？守着窗儿，独自怎生得黑？梧桐更兼细雨，到黄昏、点点滴滴。这次第，怎一个愁字了得！

训练提示：

古诗词训练不可一味追求强控制，应先了解作者生平、写作背景，根据诗词的具体内容加以理解和初步感受再进行朗诵。气息的深浅、粗细、强弱变化随稿件而变化。

附录二　练　声

训练步骤：

1.调整好呼吸。

2.由气泡音起放松喉部，做好训练准备。

3. ɑ、o、e、ê、i、u、ü，每个单元音都可进行由虚到实再回到虚，由弱到强再到弱，从低到高再回到低的声音对比训练。

一、从单元音韵母到单音节、多音节字词、短语再到成语（略）

二、古文

1. 口技

林嗣环

京中有善口技者。会宾客大宴，于厅事之东北角，施八尺屏障，口技人坐屏障中，一桌、一椅、一扇、一抚尺而已。众宾团坐。少顷，但闻屏障中抚尺一下，满坐寂然，无敢哗者。

遥闻深巷中犬吠，便有妇人惊觉欠伸，其夫呓语。既而儿醒，大啼。夫亦醒，妇抚儿乳，儿含乳啼，妇拍而呜之。又一大儿醒，絮絮不止。当是时，妇手拍儿声，口中呜声，儿含乳啼声，大儿初醒声，夫叱大儿声，一时齐发，众妙毕备。满坐宾客无不伸颈，侧目，微笑，默叹，以为妙绝。

未几，夫鼾声起，妇拍儿亦渐拍渐止。微闻有鼠作作索索，盆器倾侧，妇梦中咳嗽。宾客意少舒，稍稍正坐。

忽一人大呼"火起"，夫起大呼，妇亦起大呼。两儿齐哭。俄而百千人大呼，百千儿哭，百千犬吠。中间力拉崩倒之声，火爆声，呼呼风声，百千齐作;又夹百千求救声，曳屋许许声，抢夺声，泼水声。凡所应有，无所不有。虽人有百手，手有百指，不能指其一端;人有百口，口有百舌，不能名其一处也。于是宾客无不变色离席，奋袖出臂，两股战战，几欲先走。

忽然抚尺一下，群响毕绝。撤屏视之，一人、一桌、一椅、一扇、一抚尺而已。

2.岳阳楼记（范仲淹）

庆历四年春，滕子京谪守巴陵郡。越明年，政通人和，百废具兴，乃重修岳阳楼，增其旧制，刻唐贤今人诗赋于其上。属予作文以记之。

予观夫巴陵胜状，在洞庭一湖。衔远山，吞长江，浩浩汤汤，横无际涯;朝晖夕阴，气象万千。此则岳阳楼之大观也，前人之述备矣。然则北通巫峡，南极潇湘，迁客骚人，多会于此，览物之情，得无异乎?

若夫淫雨霏霏，连月不开，阴风怒号，浊浪排空;日星隐曜，山岳潜形;商旅不行，樯倾楫摧;薄暮冥冥，虎啸猿啼。登斯楼也，则有去国怀乡，忧谗畏讥，满目萧然，感极而悲者矣。

至若春和景明，波澜不惊，上下天光，一碧万顷;沙鸥翔集，锦鳞游泳;岸芷汀兰，郁郁青青。而或长烟一空，皓月千里，浮光跃金，静影沉璧，渔歌互答，此乐何极! 登斯楼也，则有心旷神怡，宠辱偕忘，把酒临风，其喜洋洋者矣。

嗟夫! 予尝求古仁人之心，或异二者之为，何哉? 不以物喜，不以己悲;居庙堂之高则忧其民;处江湖之远则忧其君。是进亦忧，退亦忧。然则何时而乐耶? 其必曰"先天下之忧而忧，后天下之乐而乐"乎。噫! 微斯人，吾谁与归?

3.出师表

先帝创业未半而中道崩殂，今天下三分，益州疲弊，此诚危急存亡之秋也。然侍卫之臣不懈于内，忠志之士忘身于外者，盖追先帝之殊遇，欲报之于陛下也。诚宜开张圣听，以光先帝遗德，恢弘志士之气，不宜妄自菲薄，引喻失义，以塞忠谏之路也。

宫中府中，俱为一体;陟罚臧否，不宜异同。若有作奸犯科及为忠善者，宜付有司论其刑赏，以昭陛下平明之理，不宜偏私，使内外异法也。

侍中、侍郎郭攸之、费祎、董允等，此皆良实，志虑忠纯，是以先帝简拔以遗陛下。愚以为宫中之事，事无大小，悉以咨之，然后施行，必能裨补阙漏，有所广益。

将军向宠，性行淑均，晓畅军事，试用于昔日，先帝称之曰能，是以众议举宠为督。愚以为营中之事，悉以咨之，必能使行阵和睦，优劣得所。

亲贤臣，远小人，此先汉所以兴隆也；亲小人，远贤臣，此后汉所以倾颓也。先帝在时，每与臣论此事，未尝不叹息痛恨于桓、灵也。侍中、尚书、长史、参军，此悉贞良死节之臣，愿陛下亲之信之，则汉室之隆，可计日而待也。

臣本布衣，躬耕于南阳，苟全性命于乱世，不求闻达于诸侯。先帝不以臣卑鄙，猥自枉屈，三顾臣于草庐之中，咨臣以当世之事，由是感激，遂许先帝以驱驰。后值倾覆，受任于败军之际，奉命于危难之间，尔来二十有一年矣。

先帝知臣谨慎，故临崩寄臣以大事也。受命以来，夙夜忧叹，恐托付不效，以伤先帝之明，故五月渡泸，深入不毛。今南方已定，兵甲已足，当奖率三军，北定中原，庶竭驽钝，攘除奸凶，兴复汉室，还于旧都。此臣所以报先帝而忠陛下之职分也。至于斟酌损益，进尽忠言，则攸之、祎、允之任也。

愿陛下托臣以讨贼兴复之效，不效，则治臣之罪，以告先帝之灵。若无兴德之言，则责攸之、祎、允等之慢，以彰其咎；陛下亦宜自谋，以咨诹善道，察纳雅言，深追先帝遗诏。臣不胜受恩感激。

今当远离，临表涕零，不知所言。

三、散文

1. 青春（塞缪尔·厄尔曼）

青春不是年华，而是心境；青春不是桃面、丹唇、柔膝，而是深沉的意志、恢宏的想象、炽热的感情；青春是生命的深泉涌流。青春气贯长虹，勇锐盖过怯弱，进取压倒苟安。如此锐气，二十后生有之，六旬男子则更多见。年岁有加，并非垂老；理想丢弃，方堕暮年。岁月悠悠，衰微只及肌肤；热忱抛却，颓唐必致灵魂。忧烦、惶恐、丧失自信，定使心灵扭曲，意气如灰。

无论年届花甲，抑或二八芳龄，心中皆有生命之欢乐，奇迹之诱惑，孩童般天真久盛不衰。人的心灵应如浩淼翰海，只有不断接纳美好、希望、欢乐、勇气和力量的百川，才能青春永驻、风华长存。一旦心海枯竭，锐气便被冰雪覆盖，玩世不恭、自暴自弃油然而生。即便年方二十，实已垂垂老矣；然则只要虚怀若谷，让喜悦、达观、仁爱充盈其间，你就有望在八十高龄告别尘寰时仍觉年轻。

2. 生命（杏林子）

夜晚，我在灯下写稿，一只飞蛾不停地在我头顶上方飞来旋去，骚扰着我。趁它停在眼前小憩时，我一伸手捉住了它，我原想弄死它，但它鼓动双翅，极力挣扎，我感到一股生命的力量在我手中跃动，那样强烈！那样鲜明！这样一只小小的飞蛾，只要我的手指稍一用力，它就不能再动了，可是那双翅膀在我手中挣扎，那种生之欲望令我震惊，使我忍不住放了它！

我常常想，生命是什么呢？墙角的砖缝中掉进一粒香瓜子，隔了几天，竟然冒出了一截小瓜苗。那小小的种子里，包含了一种怎样的力量，竟使它可以冲破坚硬的外壳，在没有阳光、没有泥土的砖缝中，不屈地向上，苗壮生长，昂然挺立。它仅仅活了几天，但是，那一股足以擎天撼地的生命力，令我肃然起敬！

许多年前，有一次，我借来医生的听诊器，静听自己的心跳，那一声声沉稳而有规律的跳动，给我极大的震撼，这就是我的生命，单单属于我的。我可以好好地使用它，也可以白白糟蹋它；我可以使它度过一个有意义的人生，也可以任它荒废，庸碌一生。一切全在我一念之间，我必须对自己负责。

虽然肉体的生命短暂，生老病死也往往令人无法捉摸，但是，让有限的生命发挥出无限的价值，使我们活得更为光彩有力，却在于我们自己掌握。从那一刻起，我应许自己，绝不辜负生命，绝不让它从我手中白白流失。不论未来的命运如何，遇福遇祸，或喜或忧，我都愿意为它奋斗，勇敢地活下去。

3. 紫藤萝瀑布（宗璞）

我不由得停住了脚步。

从未见过开得这样盛的藤萝，只见一片辉煌的淡紫色，像一条瀑布，从空中垂下，不见其发端，也不见其终极。只是深深浅浅的紫，仿佛在流动，在欢笑，在不停地生长。紫色的大条幅上，泛着点点银光，就像迸溅的水花。仔细看时，才知道那是每一朵紫花中最浅淡的部分，在和阳光互相挑逗。

这里春红已谢，没有赏花的人群，也没有蜂围蝶阵。有的就是这一树闪光的、盛开的藤萝。花朵儿一串挨着一串，一朵接着一朵，彼此推着挤着，好不活泼热闹！

"我在开花！"它们在笑。

"我在开花！"它们嚷嚷。

每一穗花都是上面的盛开、下面的待放。颜色便上浅下深，好像那紫色沉淀下来了，沉淀在最嫩最小的花苞里。每一朵盛开的花就像是一个张满了的帆，帆下带着尖底的舱。船舱鼓鼓的，又像一个忍俊不禁的笑容，就要绽开似的。那里装的是什么仙露琼浆？我凑上去，想摘一朵。

但是我没有摘。我没有摘花的习惯。我只是伫立凝望，觉得这一条紫藤萝瀑布不只在我眼前，也在我心上缓缓流过。流着流着，它带走了这些时一直压在我心上的关于生死的疑惑，关于疾病的痛楚。我浸在这繁密的花朵的光辉中，别的一切暂时都不存在，有的只是精神的宁静和生的喜悦。

这里除了光彩，还有淡淡的芳香，香气似乎也是浅紫色的，梦幻一般轻轻地笼罩着我。忽然记起十多年前家门外也曾有过一大株紫藤萝，它依傍一株枯槐爬得很高，但花朵从来都稀落，东一穗西一串伶仃地挂在树梢，好像在察言观色，试探什么。后来索性连那稀零的花串也没有了。园中别的紫藤花架也都拆掉，改种了果树。那时的说法是，花和生活腐化有什么必然关系。我曾遗憾地想：这里再也看不见藤萝花了。

过了这么多年，藤萝又开花了，而且开得这样盛，这样密，紫色的瀑布遮住了粗壮的盘虬卧龙般的枝干，不断地流着，流着，流向人的心底。

花和人都会遇到各种各样的不幸，但是生命的长河是无止境的。我抚摸了一下那小小的紫色的花舱，那里满装生命的酒酿，它张满了帆，在这闪光的花的河流上航行。它是万花中的一朵，也正是一朵一朵花，组成了万花灿烂的流动的瀑布。

在这浅紫色的光辉和浅紫色的芳香中，我不觉加快了脚步。

4.山中访友（李汉荣）

走出门，就与微风撞了个满怀，风中含着露水和栀子花的气息。早晨，好清爽！

不坐车，不邀游伴，也不带什么礼物，就带着满怀的好心情，踏一条幽径，独自去访问我的朋友。

那座古桥，是我要拜访的第一个老朋友。啊，老桥，你如一位德高望重的老人，在这涧水上站了几百年了吧？你把多少人马渡过对岸，滚滚河水流向远方，你弓着腰，俯身凝望着那水中的人影、鱼影、月影。岁月悠悠，波光明灭，泡沫聚散，唯有你依然如旧。

走进这片树林，鸟儿呼唤我的名字，露珠与我交换眼神。每一棵树都是我的知己，它们迎面送来无边的青翠，每一棵树都在望着我。我靠在一棵树上，静静地，仿佛自己也是一棵树。我脚下长出的根须，深深扎进泥土和岩层；头发长成树冠，胳膊变成树枝，血液变成树的汁液，在年轮里旋转、流淌。

这山中的一切，哪个不是我的朋友？我热切地跟他们打招呼：你好，清凉的山泉！你捧出一面明镜，是要我重新梳妆吗？你好，汩汩的溪流！你吟诵着一首首小诗，是邀我与你唱和吗？你好，飞流的瀑布！你天生的金嗓子，雄浑的男高音多么有气势。你好，陡峭的悬崖！深深的峡谷衬托着你挺拔的身躯，你高高的额头上仿佛刻满了智慧。你好，悠悠的白云！你洁白的身影，让天空充满宁静，变得更加湛蓝。喂，淘气的云雀，叽叽喳喳地在谈些什么呢？我猜你们津津乐道的，是飞行中看到的好风景。

捡起一朵落花，捧在手中，我嗅到了大自然的芬芳清香；拾一片落叶，细数精致的纹理，我看到了它蕴含的生命的奥秘，在它们走向泥土的途中，我加入了这短暂而别有深意的仪式；捧起一块石头，轻轻敲击，我听见远古火山爆发的声浪，听见时间隆隆的回声。

忽然，雷阵雨来了，像有一千个侠客在天上吼叫，又像有一千个醉酒的诗人在云头吟咏。满世界都是雨，头顶的岩石像为我撑起的巨伞。我站立之处成了看雨的好地方，谁能说这不是天地给我的恩泽？

雨停了。幽谷里传出几声犬吠，云岭上掠过一群归鸟。我该回家了。我轻轻地挥手，告别山里的朋友，带回了满怀的好心情、好记忆，还带回一路月色。

四、童话、寓言故事

1. 狐狸和山羊

一只狐狸失足掉到了井里，不论他如何挣扎仍没法爬上去，只好待在那里。公山羊觉得口渴极了，来到这井边，看见狐狸在井下，便问他井水好不好喝？狐狸觉得机会来了，心中暗喜，马上镇静下来，极力赞美井水好喝，说这水是天下第一泉，清甜爽口，并劝山羊赶快下来，与他痛饮。一心只想喝水信以为真的山羊，便不假思索地跳了下去，当他咕咚咕咚痛饮完后，就不得不与狐狸一起共商上井的办法。狐狸早有准备，他狡猾地说："我倒有一个方法。你用前脚扒在井墙上，再把角竖直了，我从你后背跳上井去，再拉你上来，我们就都得救了。"公山羊同意了他的提议，狐狸踩着他的后脚，跳到他背上，然后再从角上用力一跳，跳出了井口。狐狸上去以后，准备独自逃离。公山羊指责狐狸不信守诺言。狐狸回过头对公山羊说："喂，朋友，你的头脑如果像你的胡须那样完美，你就不至于在没看清出口之前就盲目地跳下去。"

这故事说明，聪明的人应当事先考虑清楚事情的结果，然后才去做。

2. 三只老鼠

三只老鼠一同去偷油喝。到了油缸边一看：油缸里的油只有底下一点点，并且缸身太高，谁也喝不到。

于是它们想出办法，一个咬着另一个的尾巴，吊下去喝。第一只喝饱了，上来，再吊第二只下去喝……并且发誓，谁也不许存半点私心。

第一只老鼠最先吊下去喝，它在下面想："油只有这么一点点，今天总算我幸运，可以喝一个饱。"

第二只老鼠在中间想："下面的油是有限的，假如让它喝完了，我还有什么可喝的呢？还是放了它，自己跳下去喝吧！"

第三只老鼠在上面缸边想："油很少，等它俩喝饱了，还有我的份吗？不如早点放了它们，自己跳下去喝吧！"

于是，第二只放了第一只的尾巴，第三只放了第二只的尾巴，都只管自己地抢先跳下去。

结果它们都落在油缸里，永远逃不出来了。

3. 两只笨狗熊

狗熊妈妈有两个孩子，一个叫大黑，一个叫小黑，他们长得挺胖，可是都很笨，是两只笨狗熊。有一天，天气真好，哥儿俩手拉手一起出去玩儿。他们走着，走着，忽然看见路边有一块肉，捡起来闻闻，嘿，喷喷香。可是只有一块肉，两只小狗熊怎么吃呢？大黑怕小黑多吃一点，小黑也怕大黑多吃一点，这可不好办呀！

大黑说："咱们分了吃，可要分得公平，我的不能比你的小。"小黑说："对，要分得公平，你的不能比我的大。"哥儿俩正闹着呢，狐狸大婶来了，她看见肉，眼珠骨碌碌一转，说："噢，你们是怕分得不公平吧，让大婶来帮你们分。"哥儿俩说："好，好，咱们让狐狸大婶来分吧。"

狐狸大婶接过肉，恨不得一口吞下去，可是她没有这样做，一下子把肉分成两片，哥儿俩一看，连忙叫起来："不行！不行！一块大，一块小。"狐狸大婶说："你们别着急，瞧，这一块大一点吧，我咬它一口。"狐狸大婶张开大嘴巴啊呜咬了一口，哥儿俩一看，又叫起来了："不行，不行，这块大的被你咬了一口，又变成小的了。"狐狸大婶说："你们急什么呀，那块大了，我再咬它一口吧。"狐狸大婶张开大嘴巴又啊呜咬了一口，哥儿俩一看，急得叫起来："那块大的被你咬了一口，又变成小的了。"狐狸大婶就这样这块咬一口，那块咬一口，肉只剩下小手指头那么一点儿了。她把一丁点大的肉分给大黑和小黑，说："现在两块肉都一样大小了，吃吧，吃吧，吃得饱饱的。"大黑和小黑你看看我，我看看你，一句话也说不出来。

4. 霸道的小老虎

很久以前，在森林里住着小猪、小狗、小熊和小老虎。小老虎是个很不合群的孩子，总是不和小猪、小狗、小熊他们一起玩。

有一天，小猪、小狗、小熊一起去集市上买了些好吃的，回来后，他们坐在小河边高兴地吃起了好吃的。小猪津津有味地吃着他最爱吃的玉米，这个时候，小老虎躲在树林里看见了，便冲到小猪面前，一把抢走了小猪的玉米，小猪气得坐在地上哭了起来，小老虎若无其事地走了！

一会儿小老虎吃完了玉米，又发现小狗在啃骨头，便冲了上去抢走了小狗的骨头，小狗气得大哭了起来，而小老虎还是若无其事地走了！小老虎吃完了骨头，又冲到小熊面前抢走了他的蜂蜜！小猪、小狗和小熊三个小伙伴都气坏了，决定想个办法教训一下小老虎。

第二天一大早，小猪就跑到小老虎那里对小老虎说："我们发现了一头小狮子，他嘴里咬着一个特别漂亮的皮球，我们让他送给你，他不但不同意，还说你是个笨蛋，你快去看看吧！"

小老虎听后，气坏了，便对小猪说："好，带我去看看。"小老虎跟着小猪跑到了庙前的石狮子处，小猪神秘地说："我不敢去了，就在那，你自己去吧！"说完就跑进树林了。

小老虎看见石狮子咬着皮球，便喊道："快把皮球交给我，不然让你尝尝我的厉害！"

可是石狮子哪会说话呀，还是一动不动地坐着！小老虎气坏了，张开大嘴狠狠地扑向石狮子，只听得砰的一声，小老虎坐在地上捂着头号啕大哭，地上还有他的半颗牙齿！这时，躲在树林里的三个小伙伴出来了，对着坐在地上的老虎说："以后可要记住，不要再欺负别人了，大家友爱才是最好的！"

附录三　练　字

训练步骤：

1.调整呼吸、气泡音训练。

2.打开口腔训练。

3.结合自身问题进行口部操训练。

4.明确每次训练重点，集中解决吐字问题，开始进行字音练习。

一、字音训练（略）

二、童谣

想象给小朋友示范朗读童谣，要让孩子们听清楚且感兴趣，必须做到吐字清晰、饱满、圆润、响亮。若是平时吐字开度、力度不够，训练时可尽量夸张，体会吐字归音时"枣核形"的效果。

1. 起床歌

小宝宝，起得早，

睁开眼，眯眯笑，

咿呀呀，学说话，

伸伸手，要人抱。

训练提示：

儿歌中大部分字音字腹为 ɑ，尽量保持 ɑ 音开度、响亮度、饱满度；此外，儿歌押 ao 韵（遥迢辙），字尾归韵到松 u，舌位（舌位由央低向舌位后高处滑动）和口形（由开到稍拢圆）要配合到位。

2. 学画画

小宝宝，学画画，

大蜡笔，手中拿，

画小鸭，叫嘎嘎，

画小马，骑回家。

训练提示：

儿歌中有较多字音带介音 i、u，注意出字时声母发音与介音的口形圆展相配合，尤其是画（huɑ），字头 hu 出字时尽量不要拖泥带水，把开度和响度交给字腹 ɑ 来完成。

3. 小汽车

小汽车，嘀嘀嘀，

开过来，开过去，

小宝宝，当司机，

送妈妈，上班去。

训练提示：

儿歌中大部分字音字腹为 i、ü，可采用韵母训练中以闭音稍开的原则，在保证字音集中度的前提下稍打开口腔发音，保证字腹的响亮、饱满度。

4. 小白兔 白又白

小白兔，白又白，

两只耳朵竖起来，

爱吃萝卜和青菜，

蹦蹦跳跳真可爱。

训练提示：

儿歌中大部分字音韵母为 ai，通过活泼快乐的儿歌可尽量夸张地打开口腔发出饱满的字腹 a，舌位再滑动到松 i 位置，弱收到位即止。

5. 瓜

黄瓜脆，丝瓜长，

西瓜甜，冬瓜胖，

菜瓜甜瓜和南瓜，

一个一个有营养。

冬春种下一棵秧，

夏天瓜儿满园香。

训练提示：

儿歌中有不少字音韵母为 ang、iang，其中 a 音舌位稍靠后，相较其他字音容易发闷，不易集中。注意在欢快的情绪带动下后 a 稍靠前发，以达到字音响亮、饱满之感。

6. 小燕子

小燕子，真灵巧，

身上带把小剪刀；

上天剪云朵，

下河剪水波；

剪根树根当枕头，

剪块泥巴搭窝窝。

训练提示：

儿歌中 uo 音训练时应注意出字到立字过程中唇形的变化，尽管都是圆唇，但有由紧到松的变化。

7. 老虎和灰兔

坡上有只大老虎，

坡下有只小灰兔；

老虎饿肚肚，

想吃灰兔兔，

虎追兔，兔躲虎，

老虎满坡找灰兔；

兔钻窝，虎扑兔，

刺儿扎痛虎屁股。

气坏了老虎，

乐坏了兔；

饿虎肚里咕咕咕，

窝里笑坏了小灰兔。

训练提示：

儿歌中有不少字音字腹为u，与声母h相拼时容易发闷，这里可用其中声母靠前的兔（tu）带动发音。

三、古诗词

古诗词是非常好的练字材料，应在追求吐字颗粒感饱满，字音圆润、响亮的同时较准确地把握诗的情感。两者相互促进，训练效果更佳。

1. 遥迢辙

野望

杜甫

西山白雪三城戍，南浦清江万里桥。

海内风尘诸弟隔，天涯涕泪一身遥。

惟将迟暮供多病，未有涓埃答圣朝。

跨马出郊时极目，不堪人事日萧条。

2. 发花辙

泊秦淮

杜牧

烟笼寒水月笼沙，夜泊秦淮近酒家。

商女不知亡国恨，隔江犹唱后庭花。

过故人庄

孟浩然

故人具鸡黍，邀我至田家。

绿树村边合，青山郭外斜。

开轩面场圃，把酒话桑麻。

待到重阳日，还来就菊花。

3. 人辰辙

杂诗十二首·其一

陶渊明

人生无根蒂，飘如陌上尘。

分散逐风转，此已非常身。

落地为兄弟，何必骨肉亲！

得欢当作乐，斗酒聚比邻。

盛年不重来，一日难再晨。

及时当勉励，岁月不待人。

4. 由求辙

登黄鹤楼

崔颢

昔人已乘黄鹤去，此地空余黄鹤楼。

黄鹤一去不复返，白云千载空悠悠。

晴川历历汉阳树，芳草萋萋鹦鹉洲。

日暮乡关何处是？烟波江上使人愁。

5. 乜斜辙

满江红·题南京夷山驿

王清惠

太液芙蓉，浑不似、旧时颜色。曾记得、春风雨露，玉楼金阙。名播兰馨妃后里，晕潮莲脸君王侧。忽一声、鼙鼓揭天来，繁华歇。

龙虎散，风云灭。千古恨，凭谁说。对山河百二，泪盈襟血。客馆夜惊尘土梦，宫车晓辗关山月。问嫦娥、于我肯从容，同圆缺？

6. 姑苏辙

佳人

杜甫

绝代有佳人，幽居在空谷。

自云良家子，零落依草木。

关中昔丧乱，兄弟遭杀戮。

官高何足论，不得收骨肉。

世情恶衰歇，万事随转烛。

夫婿轻薄儿，新人美如玉。

合昏尚知时，鸳鸯不独宿。

但见新人笑，那闻旧人哭。

在山泉水清，出山泉水浊。

侍婢卖珠回，牵萝补茅屋。

摘花不插发，采柏动盈掬。

天寒翠袖薄，日暮倚修竹。

7. 江阳辙

金陵酒肆留别

李白

风吹柳花满店香，吴姬压酒唤客尝。

金陵子弟来相送，欲行不行各尽觞。

请君试问东流水，别意与之谁短长？

8. 怀来辙

长安九日诗

江总

心逐南云逝，形随北雁来。

故乡篱下菊，今日几花开？

9. 中东辙

汉江临眺

王维

楚塞三湘接，荆门九派通。

江流天地外，山色有无中。

郡邑浮前浦，波澜动远空。

襄阳好风日，留醉与山翁。

10. 一七辙

渔家傲·秋思

秋思

塞下秋来风景异，衡阳雁去无留意。四面边声连角起，千嶂里，长烟落日孤城闭。

浊酒一杯家万里，燕然未勒归无计。羌管悠悠霜满地，人不寐，将军白发征夫泪。

11. 言前辙

风雨

李商隐

凄凉宝剑篇，羁泊欲穷年。

黄叶仍风雨，青楼自管弦。

新知遭薄俗，旧好隔良缘。

心断新丰酒，销愁又几千。

12. 灰堆辙

九日齐山登高

杜牧

江涵秋影雁初飞，与客携壶上翠微。

尘世难逢开口笑，菊花须插满头归。

但将酩酊酬佳节，不用登临恨落晖。

古往今来只如此，牛山何必独沾衣。

13. 梭坡辙

古从军行

李颀

白日登山望烽火，黄昏饮马傍交河。

行人刁斗风沙暗，公主琵琶幽怨多。

野营万里无城郭，雨雪纷纷连大漠。

胡雁哀鸣夜夜飞，胡儿眼泪双双落。

闻道玉门犹被遮，应将性命逐轻车。

年年战骨埋荒外，空见蒲桃入汉家。

四、新闻播报

（1）日前我市公安部门发表声明，冒充95533发送积分兑换现金的消息属于诈骗信息，提醒市民切勿上当受骗。

（2）国内首个针对中小学生校服产品的《中小学生校服》国家标准正式出台并实施，规定要求棉纤维含量不低于35%，不允许在衣领处缝制任何标签。

（3）日前商务部明确辟谣"7月1号起进口汽车关税大幅减免"的传言，大多数进口车也并未在今天降价。

（4）动画大电影《黑猫警长之翡翠之星》将于8月7号登陆国内各大院线，同时邀请到动画片主题曲的著名歌手沈小岑，重新为电影配唱主题曲。

（5）在2015年女足世界杯首场半决赛的比赛中，美国队以2∶0战胜德国队，率先挺进决赛。

（6）从18号开始，南方多地再次迎来持续强降雨，部分地区出现洪水和地质灾害。江西遭遇了今年入汛以来最强降雨，导致16个县142个乡受灾。在赣州宁都县，由于持续暴雨导致江河水位上涨，部分乡镇农田被淹，当地已经紧急转移疏散近千人。（摘自央视网消息《新闻联播》）

（7）昨日，郑州的张女士反映称，半个月前，她在使用网银充话费时，本想充500元，一不小心充了5万元。事后，张女士一直向运营商索要多充的49500元，但一直未果。运营商表示，目前已经向上级反映，并加急处理，是否能退还，不能确定。随后，记者又联系了中国移动河南分公司，工作人员表示，这个问题是王女士在充值时出现的问题，并非因为运营商或者第三方出现问题而导致的，目前，业务部门正在调查具体情况，将根据实际情况和有关规定来处理。（摘自央视网）

（8）昨日，支付宝发布了全新的9.0版本，增加了"商家"和"朋友"两个一级入口，大打社交牌。行内评价说，支付宝增加社交功能意在与微信一争高下，一个用支付工具带动社交场景，一个用社交场景带动支付工具，预计两家公司殊途同归。（广州日报讯）

（9）日前，住建部副部长王宁在"公租房分配入住现场会和棚改工作座谈会"上强调，要加快公租房分配入住和更大规模推进棚改，确保完成今年《政府工作报告》中提出的棚改和公租房目标任务。王宁指出，随着近些年来大批公租房陆续建成，分配入住工作非常重要。各地要学习借鉴济南等地降低准入门槛、方便群众申请、实行预分配等好的做法，加快配套基础设施建设，完善分配管理办法，拓宽申请渠道，提高审核效率，建立健全轮候制度，加快公租房分配入住工作，让困

难群众早日入住新房。（摘自央视网）

（10）国家主席习近平8日在俄罗斯乌法会见俄罗斯总统普京。习近平指出，今年5月我们在莫斯科成功会晤，共同出席卫国战争胜利70周年庆典，向世界发出维护第二次世界大战胜利成果和国际正义的呼声。我们商定将丝绸之路经济带建设同欧亚经济联盟建设对接，重点开展投资、金融、能源、高铁等基础设施建设、航空航天、远东开发等领域合作。两国政府有关部门正落实我们达成的一系列重要合作共识，一些新领域合作已经取得实实在在的成果。（央视网消息《新闻联播》）

（11）据浙江省建德市人民政府新闻办公室微博消息，今日上午10时30分左右，浙江省建德市千岛湖通用机场发生一架直升机坠落事件，该机为国家电网通用航空有限公司贝尔407型飞机，正在执行飞行任务，机上共有7人，2人死亡，5人受伤。目前伤者已送至医院全力救治。事故原因正在进一步调查之中。（摘自人民网）

（12）据英国《每日邮报》7月7日报道，日前，一则记录巴西警方为逮捕逃逸嫌疑犯，利用直升机进行空中射击的视频蹿红网络。

视频显示，嫌犯驾驶一辆白色车辆，企图利用拥挤的车流阻碍警方视线，实现逃逸。车辆绕过一个环岛后，警方开始开枪射击，最终击中目标。随后，地面接管部队立即将嫌犯逮捕，被逮捕时嫌疑人疑似腿部中弹。（摘自环球网）

（13）2月23号，潍坊市摄影家协会组织摄影志愿服务团成员到嵩山生态旅游区南铜峪村走访慰问，为村民们送去了价值两万多元的蚕丝被和大米。此次活动以"福送农家"为主题，志愿服务团的成员们发挥摄影特长，用手中的相机为村民们拍"全家福"，并现场打印照片，为村民们送去了美好的新春祝福。（摘自《潍坊新闻》）

（14）春节临近，九山镇举办了"弥水欢歌，春满九山"2015年春节联欢会，400多名干部群众欢聚一堂，喜迎新春。来自全镇各行各业的70多名文艺爱好者，表演了舞蹈《中国美》，小品《相女婿》，快板《九山新未来》，歌曲《路越走越宽》《欢聚一堂》等节目，现场洋溢着欢乐祥和的浓浓节日气氛。（摘自《临朐新闻》）

（15）一间房、一棵树、一条石径……学生小然（化名）默不作声地把荒芜的沙盘慢慢变得生机盎然。在重庆市第110中学校的青爱小屋里，用玩具在沙盘上创造一个想象中的国度，是许多学生喜爱的游戏。

"对于不愿表达和阻抗较强的学生来说，沙盘可以表达和展现他们的内心世界，也是我了解和倾听学生的一种方式。"邹小英是重庆市第110中学校青爱小屋的专职教师，除了沙盘游戏，青爱小屋还可以提供心理咨询、音乐放松、拳击宣泄和青春期教育相关书籍借阅等帮助。青爱小屋是中国青少年艾滋病防治教育工程推出的一项公益产品，这一工程由中华慈善总会和中国教育学会共同举办。第110中学校是重庆首家设立青爱小屋的中学。

"我们学校2000多名学生，相当一部分是农民工子弟，还有一部分父母离异，家庭教育不到位。恰逢孩子青春叛逆期，有些学生真的让老师束手无策，非常头疼。"重庆市第110中学校党总支书记郑文九对青爱小屋寄予了厚望，"这里能成为给他们解答人生困惑、纾解负面情绪的地方"。（摘自人民网）

（16）中新网青岛7月9日电 9日，2015全国动力伞冠军赛暨亚洲锦标赛（中国区）选拔赛在青岛开幕，来自全国各地的30名顶尖动力伞选手在青岛奥帆中心展开角逐，争夺动力伞亚洲锦标赛（中国区）的入场券。

青岛奥帆中心上空，一架架动力伞时而变换队形，时而低空掠过，随着动力伞划过的轨迹留下一道道彩色的烟幕，现场观众拍手叫好。动力伞选手们展现了高超技艺和这项勇者运动的无穷魅力，为青岛市民带来了一场全新的翱翔于海天之间的视觉享受。

据青岛市体育局相关负责人介绍，作为在青岛举办的为数不多的高规格动力伞赛事活动，此次比赛将表演和比赛相结合，所有动力伞飞行高度在50米以下，让更多的人能够有机会近距离欣赏到赛事盛况。

从9日开始至12日结束，30名选手将在青岛市奥帆中心与崂山区石老人沙滩之间的沿海一线展开竞赛。大赛共设科目精确飞行、经济飞行、越野飞行3个大项，分设动力伞踢标、绕标、定点、竞速、限速和留空6个小项，亚锦赛（中国区）选拔赛仅录取前5名。

青岛作为中国重要的经济中心和沿海开放城市，有着开展群众体育和竞技体育得天独厚的自然资源。此次动力伞比赛除展现我国动力伞发展水平、选拔动力伞亚锦赛优秀选手外，也将进一步推动动力伞运动，让更多人了解、熟悉、参与其中。
（摘自中新网）

附录四　综合训练

各类型活动主持词

不同节目类型气息、吐字、声音变化会有较大不同，如生活服务类节目亲切感较强，气息不是太强、吐字颗粒大小适中、声音较柔和；而大型晚会类节目需较强气息量、吐字颗粒感较大、声音亮度强度较大。因此，可根据节目类型进行气息、吐字、声音的综合训练。

1.《健康之路》（2016年3月25日）

主持人：走健康之路，过健康生活。欢迎大家收看由无限极高品质中草药健康食品独家冠名播出的《健康之路》节目，我是主持人冀玉华。昨天的节目当中，咱们谈到对于青年人而言呢，我们可以不用那么控制胆固醇的摄入，但是对于中老年朋友们而言，真的是需要控制好胆固醇的摄入了，所以咱们要想办法，怎么样，用什么样的方法，能够帮助我们合理地控制好胆固醇呢？两位的意见是什么？

主持人：反正就是得在吃上下功夫，但是到底应该怎么去做呢？今天我们请到了两位专家，让我们掌声欢迎来自中国疾病预防控制中心的付萍教授和北京军区总医院的于仁文营养师，欢迎两位。这两位嘉宾也代表了我们很多观众们的做法，要么我们就是少吃点肉少吃点油，要么就是像连旭一样，干脆我这一礼拜就豁出去了，我什么都不吃了，您觉得这种做法是不是合适呢？

主持人：所以我们要在食物当中选择一些能够帮我们很好控制好胆固醇不让它上升的做法和吃法。那咱们来看看很多朋友关心的吃肉和吃油的问题，我们就先从油开始说起。来看第一个问题。我们来看看常吃哪一种油对降低胆固醇的效果是最好的。大豆油、葵花籽油还是茶籽油？请大家先来作出判断。那我们来看看大家是怎么样挑选油的，来看一下选择。我们绝大多数观众朋友们选择的是吃得比较多的大豆油，那是不是大豆油能够帮我们降低胆固醇呢？选择一下，专家推荐的是茶籽油，为什么茶籽油就可以帮助我们更好地控制胆固醇呢？

主持人：如果平常我们就是炒菜、凉拌菜，那放的这个茶籽油是不是就可以稍微多放一点比较放心呢？

主持人：即便是再好的油，如茶籽油、橄榄油，您每天吃的这个总量也不能超过每人25克，就是两汤勺半的油，吃得太多的话，您那胆固醇水平依然是往上涨的。那是不是所有的肉咱们都得少吃一些啊？

主持人：那就是有选择的情况下，咱们可以多吃一些鸡鸭鱼，少吃一些猪牛羊，在鱼类当中咱们也是有选择的啊，那么丰富的鱼，我们选择哪一大类，它的这个胆固醇含量就会相对较低，对我们控制胆固醇也是有帮助的呢。咱们来看下一个问题。我们选择一下，哪一种鱼的胆固醇含量是最低的，咱们吃起来就会更放心一些了，大家都应该知道，那个短短的小银鱼，还有常吃的带鱼、鳕鱼，请大家先来作出判断。

主持人：哪一种鱼的胆固醇含量是最低的，胆固醇含量最低的在这三者当中是带鱼，所以咱得用数字说话啊，到底这带鱼要比鳕鱼和小银鱼低多少，可以带着大家来看看。

主持人：像咱们刚才提到，其实对于肉、油的选择包括做法都是非常有讲究的，这样才能够帮我们更好地控制好胆固醇，那您说我除了一天吃肉吃油之外，当然还要吃主食呀。没错，我们再给您提供更多的选择，来看下一个问题。我们看，选择哪一种杂粮降低胆固醇的效果最好？小米、燕麦还是玉米呢？请大家先来作出判断。

主持人：我们来看看大家是否了解清楚，来看一下选择，接近一半的观众认为玉米不错，三分之一的观众认为小米也是一个很好的选择，专家推荐的降胆固醇效果最好的是燕麦。现在这个燕麦被提到越来越高的一个地位了，甚至有人把它当成第三主食了，为什么它降低胆固醇的效果会高于玉米和小米呢？

主持人：好的，本期节目就到这了，下期同一时间帮您挑选麦片。

2. 中国诗词大会（2016年2月12日）

董卿：天生我才必有用，千金散尽还复来，欢迎收看由中国农业银行独家冠名播出的《中国诗词大会》，我是董卿。

天生我才必有用，千金散尽还复来，一千两百多年前的诗句啊，今天读来，依然让人血脉偾张，诗人如椽巨笔下喷涌而出的跌宕起伏的情感让我们感受到震动古今的气势和力量，这就是中国古诗词的魅力。从今天开始，我们将和大家一起展开一场诗词之旅去重温那些历久弥新的经典诗句。我想，这样的温故知新可以拂去我们记忆上的灰尘，而古代文人的情怀和智慧，也同样能够点亮我们今天的生活，人生自有诗意，来吧，一起加入我们的诗词狂欢！

首先向各位隆重介绍一下今天来到我们现场的两位，才高八斗、学富五车的点评嘉宾，他们是北京师范大学文学院教授、博士生导师康震，康老师今天来到诗词大会的感受如何？且慢，您既然来到诗词大会，不能说平常话得说平仄话，如何？

康震：中国诗词大会啊，内心觉得是个大舞台，每个人都很优秀。

董卿：好，有人能答上，有人答不上，如果答上了，而且成为本场的擂主了，那就叫春风得意马蹄疾，一日看尽长安花。再向大家介绍一下下一位嘉宾，著名历史学者、北京大学历史学博士、中央民族大学历史文化学院副教授蒙曼老师，欢迎您。您是不是也要用诗句来鼓励大家啊？

蒙曼：参加的人都有年轻的心……

董卿：说得非常好，接下来我就要向各位介绍非常壮观的百人选手团，这一百位选手，可是我们从全国各地各行各业，各个年龄段，层层筛选，精挑细选出来的，可以说都是诗词达人，所以今天能够坐到这里他们也将成为我们接下来十期节目的参赛者，我们也再次把掌声送给他们。

好，接下来我们的比赛马上开始，首先要进入我们今天第一阶段的比赛，个人追逐赛，有请第一位挑战者。

（略）

结束语：恭喜彭超成为本场擂主，最后的抢答抢得有点惊心动魄，我觉得陈更在最开始的时候有两分白白地送给对手，是非常可惜的事情，不过没关系，还会有很多的机会，当你重新回到百人团之后，凭你的实力，我相信还是能够很快登上我们的舞台，我们也把掌声送给陈更，当然要把更热情的掌声送给我们《中国诗词大会》的第一位擂主彭超。我觉得你的胜利有着特殊的意义，给我们所有的人都会带来更强的信心，也会鼓励我们所有人，在自己的人生道路上、求学道路上，去更坚定地往前走，祝贺你。我们的本场比赛到这里马上就要结束了，今天的第一位擂主已经产生了，下一期他就将成为守擂者，等待着另一位攻擂者的出现，那么在下一期节目中，即将上场参与我们节目的五位选手分别是王天搏、王继波、刘永恒、薛雨涵、李子林，在下一场的比赛中，他们将成为决出攻擂者与擂主彭超决出新擂主。

亲爱的观众们，人生自有诗意，赶快加入我们的诗词狂欢吧，下一期中国诗词大会再见。

参考文献

[1] 国家语言文字工作委员会普通话培训测试中心. 普通话水平测试实施纲要[M]. 北京：商务印书馆，2004.

[2] 徐恒. 播音发声学[M]. 北京：北京广播学院出版社，1985.

[3] 张颂. 中国播音学[M]. 北京：中国传媒大学出版社，2003.

[4]吴弘毅. 实用播音教程：普通话语音和播音发声[M]. 北京：中国传媒大学出版社，2002.

[5] 吴洁茹，王璐. 播音员主持人语音发声教程[M]. 北京：中国传媒大学出版社，2006.

[6] 王峥. 语音发声科学训练[M]. 北京：中国传媒大学出版社，2009.

[7] 张慧. 绕口令[M]. 北京：中国广播电视出版社，2005.

[8] 金晓达，刘广徽. 汉语普通话语音图解课本（教师用书）[M]. 北京：北京语言大学出版社，2006.